ADOLF HITLER

ADOLF HITLER

EL AUTOR:

Margarita Witt (Buenos Aires, 1947) es licenciada en Historia y en Sociología por las Universidades de Buenos Aires y Central de Barcelona. Colaboradora del Centro de Documentación e Información de Barcelona (CIDOB), trabaja actualmente como investigadora en Historia social contemporánea. Ha realizado, entre otros, los trabajos *Movimiento obrero en Barcelona y Buenos Aires (1890–1931)*; *Relaciones internacionales y lucha social: El Estado del Bienestar y el poder local*; *Los asalariados, composición social y orientaciones organizativas*; *La situación de los asalariados en la Argentina* y *Lucha armada en América Latina*.

ÍNDICE

Realización editorial:
Idea Equipo Editorial, S. L.

Impresión: Mateu Cromo, S. A.
ISBN: 84-87507-50-6
Depósito legal: M-5146-1999
Impreso en España / Printed in Spain

INTRODUCCIÓN

Mucho se ha escrito acerca del nazismo y de su máximo inspirador y representante: Adolf Hitler. Acerca de éste, también existe un gran número de trabajos biográficos que se centran en aspectos parciales de su vida o que la engloban en la experiencia colectiva de este siglo. Por lo general se atienen a las circunstancias personales y patológicas del personaje e intentan desentrañar el papel que las mismas desempeñaron en la historia, especialmente en lo que atañe a la persecución de los judíos y a la Segunda Guerra Mundial. En general, se trata de biografías que abordan con precisión y profundidad algunos de estos planos, pero que, en su elaboración, no alcanzan a plasmar una visión sintética del conjunto de la época y de la vida del trasnochado Führer, como si algo siempre escapara a los parámetros de lo racional.

Al mismo tiempo, tratándose de una figura tan controvertida, su política criminal y sus acciones levantan pasiones, grandes odios y muchas veces, veladas adhesiones. No hay que olvidar que estas últimas fueron el *leitmotiv* y sirvieron de apoyatura «ética» para la expansión y destrucción del Tercer Reich. Por ello, cuando se aborda el tema no suelen encontrarse puntos de vista objetivos ni neutrales ni se sacan, tampoco, conclusiones satisfactorias.

No pretendemos en este libro clarificar las incógnitas sobre cada una de las dimensiones del papel que Hitler ha encarnado ni el porqué de su fuerza para arrastrar tras de sí, en un estado de verdadera locura colectiva, a una parte importante del pueblo alemán. No es nuestra intención realizar un ensayo de estas características. Simplemente, la pretensión de esta biografía es mostrar con el máximo de sencillez, todos los elementos objetivos y subjetivos, personales y del entorno, colectivos e individuales para que, a través de su lectura, se puedan recoger con facilidad los múltiples factores que estuvieron en juego y que satanizaron a toda una sociedad y una época, provocando la catástrofe de la Segunda Guerra Mundial.

A lo largo de la historia de la humanidad existieron sin duda muchos fanáticos, psicópatas, obsesivos, enfermos y paranoicos que manipularon las fuerzas sociales para dar cauce a una crueldad demoníaca, siempre justificada política e ideológicamente, pero nunca del todo transparente. Por cierto, estos personajes abundan en la sociedad, convivimos con ellos en el día a día, pero pocos consiguen mínimamente sus objetivos. Hitler fue, sin duda, uno de estos pocos. Su paso por la historia y su propia historia se deben a una combinación de circunstancias personales y sociales que lo hicieron posible y, si bien su sinrazón fue finalmente abortada, lo fue una vez que la catástrofe ya se había desencadenado y arrastrado tras de sí al mundo entero.

Hitler, como todas las mentes totalitarias y dictatoriales, creía en una historia cuyo protagonismo pertenecía a los grandes hombres, a la personalidad avasalladora e intempestiva de sus personajes. Por eso, desde un comienzo, intentó ofrecer a sus seguidores esa imagen a la medida de su locura que forjó de la Historia, de la Política y de sí mismo. Se dice de él que hipnotizaba con su carácter y su aparente seguridad, tanto a hombres como mujeres, y que convencía con sus argumentos, tanto ideológicos como técnicos, a cualquier interlocutor, por más escéptico que éste fuera. Sus discursos públicos y privados –es sabido que los «héroes» no dialogan más que con Dios y la Historia– parecían ser obra de un encantador de serpientes. Esa capacidad de oratoria la utilizó para anular la racionalidad y para obnubilar el discernimiento de sus partidarios. Desde las más hondas tinieblas, concibió y realizó las fantasías de poder y de grandeza, siempre a través de la muerte, la destrucción, el dominio y el sometimiento de todos aquellos que, por decisión suya, no pertenecían a «la raza de los elegidos».

No podremos contestar seguramente a la pregunta sobre cómo consiguió Hitler asegurarse el control de Alemania en la década de 1930 y neutralizar desde un inicio al conjunto de Europa. Sí podremos, apuntando todas las circunstancias de su vida, señalar los hechos que hicieron posible tal dominio, para que el lector pueda sacar sus propias conclusiones y, sobre todo, para que la tragedia no vuelva a ocurrir.

LA FAMILIA

ORÍGENES OSCUROS

Un sábado 20 de abril del año 1889, en Braunau, Austria, una pequeña localidad junto al río Inn, nació Adolf Hitler, hijo del matrimonio compuesto por Klara Pölzl y Alois Hitler. Su madre, Klara, era hija de un tal Johann Pölzl y de Johanna Hitler, campesinos originarios de Spital, un lugar de la Baja Austria. Con este simple dato vemos ya una mezcla de abuelos con apellidos que guardan semejanzas. Pero ¿hasta qué punto esto es así? El origen del padre, por cierto, está envuelto en una nebulosa. Después del suicidio de Adolf Hitler en su cuartel general el 30 de abril de 1945, fue investigado por numerosos historiadores y biógrafos sin que se llegue a descubrir quién fue su verdadero abuelo paterno.

Todo hace pensar que un trágico final como el que tuvo Hitler, debiera estar unido a un incierto principio. Con igual simetría, toda una vida dedicada a resaltar, buscar y entronizar con los medios más despiadados la pureza de raza, o sea, la pureza del origen, resulta ser la contrapartida paradójica pero exacta de alguien que no atisbó a encontrar con claridad sus propios orígenes o que, sabiéndolos al dedillo, se dedicó a ocultarlos. En efecto, su padre era hijo ilegítimo y no fue reconocido hasta los 39 años. Tal vez este trauma de no conocer las verdaderas raíces o querer esconderlas es lo que llevó a este personaje a proponer a todo un pueblo un absurdo certificado de continuidad sanguínea y genealógica, limpia de impurezas por varias generaciones, con pruebas pretendidamente documentadas y científicas.

Sin embargo, él nunca documentó nada acerca de sus antepasados ni lo aclaró en su libro *Mein Kampf (Mi Lucha)*. Por el contrario, todas las suposiciones acerca de la pureza de la sangre, cuando se refieren a su historia personal, quedan veladas por una nebulosa de generalidades y ambigüedades llenas de palabras vagas e imprecisas. ¿Conocía realmente su origen o también constituía una incógnita para él?

Muchas son las suposiciones que envuelven a ese desconocido abuelo paterno. Incluso en la primera época de la ascensión al poder de Hitler, antes de que lo nombraran canciller del Reich, corría un rumor en las propias filas del partido nazi: el futuro Führer era de origen judío y su abuelo por vía paterna podía ser desde el barón Rothchild hasta un judío de la localidad de Graz de apellido Frankenberger. Incluso, durante los años en que Hitler se hacía con el control del partido nazi, se divulgó una fotografía con la lápida de la tumba de un judío en el cementerio judío de Bucarest; se llamaba Adolf Hitler y había nacido y fallecido en el siglo XIX.

UNA ASCENDENCIA COMPLICADA

A pesar de estas circunstancias, Adolf Hitler no dejó de tener un abuelo paterno oficialmente aceptado como tal. Se llamaba Johan Georg Hiedler y era molinero, aunque todos los biógrafos coinciden en señalar que no era su verdadero abuelo. Su padre Alois había nacido en el año 1837, en Strones, y era hijo de María Anna Schicklgruber. Llevó el apellido de su madre hasta el año 1876, en que cambió por el apellido Hitler. Sin embargo, figura como hijo legítimo de un tal Georg Hiedler, vecino de Spital.

Su madre, María Anna, había sido cocinera, y se dice de ella que estuvo empleada en una casa de Graz. De allí la referencia al apellido Frankenberger, su relación con esta familia y el posible origen judío de

Hitler, tesis apoyada por algunos historiadores. Esta mujer, la abuela María Anna, cuando el padre de Hitler era un niño que tenía catorce años, se casó con el tal Hitler o Hiedler, con lo cual quedó constituido el matrimonio Hitler-Schicklgruber. Lo que no está claro es por qué Alois, el padre de Adolf, no adoptó el apellido Hitler hasta sus 39 años, o sea, en 1876, cuando aparentemente ya había sido reconocido con este apellido en el año 1852.

Estos datos cruzados, procedentes de diversas fuentes, corroboran lo difuso de la ascendencia de quien fuera el paladín de la pureza racial. Otras fuentes aseguran que la defensa cerrada de este purismo no es más que la demostración afirmativa de la endogamia que caracterizó a su familia y de los lazos de consanguinidad de los que Adolf era un «fiel heredero». En efecto, su madre habría sido hija de una tal Johanna Hütler, o sea, del mismo padre que su propio padre Alois. En otras palabras, Adolf Hitler tenía un abuelo paterno que se llamaba Johann Nepomuk Hütler y que era, al mismo tiempo, su bisabuelo materno. Conviene también agregar que Alois Hitler aparentemente recibió una considerable herencia cuando Johann Nepomuk Hütler murió y cuando aquél ya había adoptado el apellido Hitler. Por último, para mayor complicación familiar, parece ser que el tal Johann era el hermano de George, su padre oficial, o sea, su tío.

Así, el apellido Hitler, resulta ser una combinación de Hiedler con Hütler, los dos hermanos que de forma oficial u oficiosa fueron los abuelos de Adolf Hitler. Estas confusiones genealógicas son muy comunes en toda la Europa del siglo XIX, sobre todo en el seno de las familias campesinas y semianalfabetas, como a la que pertenecían los Hitler. Solían escribir o registrar sus partidas de nacimiento o matrimonio con diferentes apellidos, según la política administrativa imperante y el escribiente de turno.

Lo real es que todo sigue siendo una incógnita, ya que la abuela de Adolf Hitler nunca reveló el nombre del padre de su padre. Sin duda, esta confusión que caracteriza a la ascendencia por uno y otro lado ha incidido de manera notoriamente, más allá de la verdad de los hechos, en el carácter y en las ideas de Adolf Hitler, y en parte constituye un elemento que hay que tener en cuenta para comprender sus obsesiones. La defensa a ultranza de la pureza de raza es en definitiva la defensa de la consanguinidad, ya sea porque este factor está presente en el trasfondo de su verdadero origen o porque la ilegitimidad del padre significó la ruptura del lazo que hubiera debido unirlo con las raíces milenarias de las que Hitler se sentía portador.

LA INFLUENCIA PATERNA

Sin embargo, aunque es muy importante la influencia del origen incierto paterno en su obsesión maníaca por la corroboración de una ascendencia lineal y pura, no parece ser una motivación menor el hecho de que su padre fue también un personaje controvertido y dejó una impronta fuerte e imborrable en la personalidad de su hijo.

Alois Hitler fue un personaje enigmático. En efecto, hijo ilegítimo de una campesina llamada María Anna Schicklgruber, había nacido en Strones y, a pesar de que en esta localidad austriaca, como en otras, los campesinos solían ser analfabetos, terminó siendo un distinguido funcionario de aduanas y con una posición cómoda, tanto en el aspecto social como económico. ¿Cómo forjó este hombre tal posición si no tenía la formación suficiente ni los recursos para realizarse?

Cuando era pequeño, Alois Hitler fue a vivir a la comarca de Spital, en la casa de su tío Johann Hütler, el mismo que algunos suponen su verdadero padre. Allí se inició como aprendiz en el oficio de zapatero, profesión que mantendría más tarde al marchar a Viena, después del casamiento oficial de su madre con George Hiedler. En esos años de adolescencia, tomó contacto con los aduaneros, ya que Spital era una ciudad fronteriza. Mientras aprendía el oficio, se formó con todo el talante de un tenaz autodidacta. Trascendió los límites del medio del que procedía gracias a la fuerza de voluntad, a la constancia y a la ambición por superarse. Con estudios primarios escasos, se forjó un porvenir de funcionario, estudiando y formándose en todo lo que estaba a su alcance.

A lo largo de los años se convirtió en un hombre cultivado y, desde que ingresó en la comisaría de Hacienda en el año 1855, no dejó de ascender en su carrera. Entró en el servicio de aduanas en 1864, año a partir del cual siguió subiendo de posición como un igual entre otros funcionarios con titulaciones académicas, aunque él no tuviese ningún diploma que lo acreditase de nada. Así llegó a ser Inspector de primera clase en Braunau a partir del año 1871. En 1892 alcanzó el cargo de funcionario superior de aduanas y, en 1894, fue trasladado con las máximas responsabilidades a Linz. Este ascenso imparable sin duda se debió a una personalidad muy fuerte, a un sentido de la autoestima muy elevado y a una gran energía de carácter.

UN ADUANERO Y TRES ESPOSAS

En el aspecto íntimo y personal, ya vimos que Alois sustituyó oficialmente su apellido materno Schicklgruber por el de Hitler en 1876. Tres años antes, en 1873, se había casado en primeras nupcias con Anna Glassl, hija también de un funcionario de aduanas y mucho mayor que él. Esta mujer murió en 1883. Poco después, Alois se casó con su amante, una tal Franzisca Matzelsberger, con quien, un año antes, había tenido un hijo, también llamado Alois. Esta mujer era 24 años más joven que él y murió en 1884, un año después de casarse y de tener otra hija de nombre Ángela. Después de unos meses de la muerte de su segunda esposa, Alois se casó nuevamente con una una antigua amiga de su años de infancia en Spitel. Esta tercera mujer se llamaba Klara Pölzl y estaba unida a él por ciertos lazos de parentesco. Probablemente, había mantenido relaciones amorosas con Alois ya en tiempos de su primera esposa Anna, pues había convivido con este matrimonio y, posteriormente, también con Franzisca en la casa familiar de Braunau. Esta tercera esposa de Alois será la madre de Adolf Hitler.

En efecto, Klara era hija de Johanna Hütler, o sea, sobrina o hija, según la versión que aceptemos de los hechos, del padre oficial u oficioso de Alois. Por lo tanto, era una pariente indirecta. Por haber tenido relaciones con Alois, Franzisca la echó de Braunau. Sin embargo, cuando ésta enfermó de tuberculosis, Klara volvió a la casa para cuidarla y ayudar a Alois. Franzisca murió en el mes de agosto de 1884 y Gustav Hitler –el primer hermano de Adolf– nació en mayo de 1885, por lo que podemos suponer que Klara estaba embarazada de su «amigo» antes de la muerte de la esposa de éste. De esta unión nacerán otros cinco hijos, de los cuales sólo Adolf y Paula sobrevivirán a la niñez. Evidentemente, la vida sentimental de Alois fue lo suficientemente intensa y compleja como para influir de alguna manera en sus descendientes.

Este hombre que se forjó a sí mismo y que fue reconocido por la sociedad de su tiempo en Braunau, tanto por sus bienes económicos como por su posición social, se preocupó muchísimo por la educación y la carrera de su hijo Adolf. Quiso moldear el destino de éste, insistiendo con que siguiera los mismos pasos de funcionario que él había dado con tanto éxito. Vigiló con mucho celo sus estudios y, con su carácter obstinado y su visión decidida de las cosas, quiso imponer a su hijo el camino que él consideraba el mejor.

Estos rasgos de su carácter, esta vehemencia por conseguir lo que se proponía e imponer sus criterios, seguramente influirán en el hijo en un doble sentido: por un lado, porque frente a la presión de su padre, Hitler intentaría buscar un camino totalmente diferente, el del arte; y, por otra parte, porque heredaría seguramente estos rasgos y muchos otros, tales como el carisma personal, la ambición de poder y de conocimiento, la capacidad de mando y de influencia sobre los demás, el análisis frío y calculador, llevándolos a extremos patológicos. Finalmente, la muerte del padre, ocurrida en el año 1903, vino a ser un punto de inflexión y de cambio radical en la vida del hijo.

HERMANOS Y HERMANASTROS

Adolf Hitler tuvo dos hemanastros y cinco hermanos. Los primeros eran hijos de Franzisca Matzelsberger: Alois, hijo natural que nació el 13 de febrero de 1882, o sea, siete años mayor que Adolf, y Ángela, que nació en julio de 1883, o sea, seis años mayor. Esta última fue la madre de Angela Raubal, «Geli», amante de Hitler y sobrina suya y que, como veremos más adelante, se suicidó después de haber convivido un año escaso con su tío. La endogamia familiar practicada por su abuelo-bisabuelo y por su padre parece haber tenido un fuerte eco en el Führer del Tercer Reich.

Sus hermanos y hermanas fallecieron casi todos cuando eran aún pequeños. Gustav, su hermano mayor, nació en 1885 y murió de difteria a los dos años. Su hermana Ida, que había nacido en 1886, todavía no había cumplido los dos años cuando murió de la misma enfermedad, 25 días después que su hermano. Otto, que nació en 1887, vivió sólo dos días. Edmund, que vino al mundo cuando Adolf tenía 5 años, murió repentinamente a los 6 años de edad, es decir, en el año 1900. Por último, la más pequeña de sus hermanas, Paula, que nació en 1896 y a la que Adolf Hitler llevaba siete años, fue la más longeva de la familia –alcanzó los 64 años– y le sobrevivió quince más, ya que murió en el año 1960.

Esta realidad familiar dejó sus huellas. Su madre Klara concentró de forma enfermiza un cariño desmedido en su hijo Adolf, acaso porque, cuando éste nació, ya contaba en su haber con tres hijos fallecidos. Es evidente que este hecho afianzará el egocentrismo del carácter de Adolf y, al mismo tiempo, acentuará su ya de por sí excesiva confianza en sí mismo.

Es interesante destacar que, cuando su padre murió, Adolf sólo tenía 14 años, lo que automáticamente lo convirtió en responsable de dos mujeres: su madre y su pequeña hermana. Con esta última tendrá a lo largo de toda su vida una relación protectora, ya que se sentía responsable de ella. En su juventud, Hitler incluso renunció a su pensión de orfandad en favor de su hermana para darle cierta estabilidad económica. El hecho de ser el hijo predilecto de su madre y el único hombre de su familia nuclear facilitó que pudiese imponerse con facilidad sobre su entorno inmediato a una edad muy temprana. Fue un «padre» prematuro de su hermana, a quien ayudó siempre que pudo, aunque ésta, por lo que se ha sabido después de su muerte y a través de su correspondencia, no sólo estaba en profundo desacuerdo con el régimen nazi, sino que intentó salvar a muchas personas condenadas a muerte indirecta o directamente por su hermano.

En cuanto a sus hermanastros, ya hemos visto la relación con Ángela a través de su hija Geli. Alois, el mayor, había tenido muchos enfrentamientos con su padre. Era muy mal estudiante y muy rebelde, por lo cual, según parece, fue expulsado de su casa cuando era aún un adolescente. Estuvo en la cárcel, trabajó de camarero, vivió en París y en Irlanda, fue acusado de bígamo y tuvo un hijo llamado William Patrick, que aportó algunas versiones interesantes sobre el Führer, su tío. Las relaciones de Alois y de Adolf siempre fueron difíciles. Su padre tenía también preferencias por el más pequeño, ya que era estudioso e inteligente como soñaba que fuera su hijo mayor. Esto provocaba enfrentamientos añadidos entre Alois padre y Alois hijo. Incluso cuando Hitler ya era el Fürher, Alois intentó sacar alguna ventaja de este hecho, pero no pudo. Adolf Hitler nunca quiso saber nada de él.

EL AMOR A SU MADRE

La madre de Hitler, que ya tenía 29 años cuando éste nació, concentró todo su esmero y atención en su hijo. Esta actitud materna no sólo significaría un refuerzo para su natural egocentrismo, sino que le acentuaría los rasgos hipocondríacos que fue manifestando a lo largo de su vida. En esta relación madre-hijo acaso estarían las raíces más profundas de las enfermedades psicosomáticas que Adolf Hitler solía manifestar como una respuesta reiterada ante situaciones de peligro o ante el riesgo de fracaso, incluidas las diversas neurosis que lo acompañarían hasta el momento de su suicidio. Su madre lo sobreprotegía como si fuera un niño enfermizo, débil y propenso a perder fácilmente la salud o a sufrir algún daño frente al más mínimo peligro.

Por su parte, Adolf siempre correspondió con gran amor a los sentimientos de su madre. Fue un amor tal vez teñido del modelo de la madre ideal: sumisa, abnegada e incondicionalmente entregada a su marido y a sus hijos. No casualmente todos estos rasgos serían los exaltados luego por Hitler en sus referencias a la figura de la «madre alemana», capaz de engendrar hijos y con ello asegurar la «pura continuidad» de la patria. La esposa fiel, bondadosa y capaz de realizar cualquier sacrificio por los suyos es la que retrata con admiración como su madre en el *Mein Kampf*, y es el ser al que define como más querido de toda su vida.

Como se dijo, Klara Pölzl era hija de Johanna Hütler, hermana o prima de su marido Alois, y de Johann Kölzl, ambos de familias campesinas de Spital. En efecto, esta mujer, que murió relativamente joven, a la edad de 48 años, siempre estuvo cerca de su marido a pesar de ser su tercera esposa. Cuidó de Anna, la primera esposa, cuando ésta cayó

2

Quizás sea éste el más inocente retrato del dictador alemán Adolf Hitler, nacido en Braunan el 20 de Abril de 1889. La fotografía perteneció a un álbum de la familia Hitler. (Foto: Leo Sirman Press / Zardoya)

gravemente enferma, y luego hizo lo mismo con Franzisca, cuando contrajo la tuberculosis, a pesar de que ésta, enterándose de las relaciones íntimas de Klara con su marido, la había echado de la casa que el matrimonio tenía en Braunau. Consecuente y fiel, Klara conservó hasta la hora de la muerte estos rasgos decisivos de su carácter. Igual de sumisa y de abnegada fue con su hijo, a quien le profesó todo su amor, sentimiento que aumentó cuando en 1900 murió Edmund, y Adolf fue el único hijo varón que quedaba vivo.

Tres años después, cuando Alois murió, intentó recuperarse de tantas pérdidas y sacar adelante a sus hijos Adolf y Paula. Su marido había sido muy dominante con ella y ante él nunca había destacado en nada particular más que en su capacidad de servicio. Tal vez el dolor de tantos sinsabores la había consumido antes de tiempo y le había quitado la vitalidad que solían tener las campesinas de Spitel. Adolf, que tenía en cuenta estos hechos, siempre fue complaciente con su madre y trató de satisfacerla hasta en las más mínimas ilusiones que ella había depositado en su único hijo varón.

En 1907 Klara enfermó de gravedad a causa de un tumor maligno y fue sometida a una operación muy delicada, de la que se recuperó. Sin embargo, no le quedaba mucho por vivir. En ese año en el que Klara estuvo gravemente enferma, su hijo le brindó todo su apoyo y los máximos cuidados, aunque ella le ocultase su verdadero estado de salud, única razón por la cual, en el transcurso de su enfermedad, Hitler marchó a Viena.

Sin embargo, en noviembre del mismo 1907, Adolf regresó inmediatamente a Linz al enterarse de que a su madre le quedaba poco tiempo de vida. En esos dos meses, Adolf Hitler, que contaba entonces con 18 años de edad, se ocupó de todo lo concerniente a su familia y sus intereses, desde las tareas domésticas y el cuidado de la enferma, hasta el seguimiento sistemático de los estudios de su hermana. Según diversos testimonios de quienes lo conocieron, velaba constantemente porque su madre estuviera atendida en todos los momentos del día y de la noche y porque no sufriera ningún dolor. Sus cuidados llegaron hasta a parecer desmedidos y, cuando finalmente la enferma muere, el 21 de diciembre de 1907, el futuro dirigente del III Reich se convirtió en un joven literalmente destrozado por el dolor.

EL NIÑO ADOLF HITLER

LOS PRIMEROS PASOS

Sabemos que Hitler niño pasó sus primeros años sobreprotegido por su madre, así como también estamos al tanto del porqué de esta situación. También sabemos que su padre, quien depositó en él todas sus espectativas después de que le había decepcionado su primogénito Alois, no lo trataba con la misma benevolencia que su madre. No hay que olvidar que Alois padre era una persona de carácter duro, instransigente, que se había forjado a sí mismo y que, a pesar de tener un cariño muy grande por sus hijos, hacía una vida bastante independiente, absorbido por su responsabilidad como funcionario superior de aduanas. Como si esta tarea fuese poco, en sus ratos libres, curiosamente, se dedicaba a su gran afición: la apicultura. Por lo tanto, Adolf Hitler pasó sus primeros años básicamente bajo la tutela materna y el cuidado casi exclusivo de su madre.

A pesar de ello, la influencia paterna fue grande y posiblemente bastante decisiva. Además del carácter y la personalidad de su padre, así como del interés que puso en los estudios de su hijo, sin duda hubo otra clase de influencias. Hombre que se había cultivado a pesar de sus precarios orígenes, tenía la prepotencia que normalmente caracteriza a todo autodidacta y nuevo rico. En casa, desde que Adolf era pequeño, la conversación giraba alrededor de diversos temas, desde la cría de las abejas hasta variados temas políticos y sociales. Lo cierto es que Alois Hitler era un hombre que leía bastante. Sin duda, su carácter inquieto lo llevó a contagiar del mismo espíritu a quienes compartían su vida.

Es muy fácil, con estos datos que tenemos, imaginar los primeros años del futuro Führer. Vivía en las afueras de la ciudad, en una posada llamada *Zum Pommer,* en medio de la naturaleza y con todas las comodidades que podían darse en las capas medias bajas de esa época. Estaba rodeado de niños, y fue el benjamín de su familia hasta el nacimiento de su hermano Edmund. En 1892, su padre Alois fue ascendido a funcionario superior de aduanas, lo que implicó que debiera marcharse de la ciudad, pues en Braunau, una ciudad pequeña donde era inspector superior, no existía un puesto de trabajo de esas características. Sin embargo, la familia no se trasladó con él en un primer momento. Se tiene constancia de que Alois padre viajaba entre Viena y Linz por razones de trabajo. En 1894, cuando se instaló definitivamente en Linz, Klara y sus hijos ya estaban instalados en Passau, su destino intermedio.

En estas fechas, Adolf contaba ya con cinco años de edad y había acabado de nacer su hermano Edmund. La relación con su padre no era del todo frecuente ni mucho menos cotidiana. Alois Hitler criaba abejas y muchas veces estaba más con ellas que con su familia, ya que las colmenas solían estar alejadas de las viviendas, tanto de Braunau como de Passau. En 1895, toda la familia viajó a Linz, para luego trasladarse definitivamente a Hafeld, donde el padre había comprado una finca para instalar a su mujer y sus hijos. En estas fechas, Adolf Hitler tenía ya seis años. El cambio de ciudad marcó un cambio importante en su vida, ya que implicó su ingreso en la escuela.

LOS AÑOS DE ESTUDIANTE

En 1895, a los seis años de edad, Adolf ingresó en la escuela de Fishkman, donde aprendió a leer y escribir. Su vida experimentó en ese momento un cambio sustancial, no sólo por tener que adaptarse a una cotidianidad disciplinada, en la que tenía que compartir muchas horas del día con otros niños, sino también porque en ese año su padre se jubiló anticipada y repentinamente por razones de salud. No se tiene constancia de cuál era la índole de su enfermedad, pero sí de que este hecho estuvo acompañado de una serie de certificados médicos que avalaban dichas circunstancias.

La vida de Adolf cambió: la escuela le obligaba a asumir cada vez mayores responsabilidades y su padre, al estar jubilado, dedicaba más tiempo a estar con él. Por otro lado, esta mayor entrega a su función paterna provocó en Alois un empeoramiento de las connotaciones negativas de su carácter. Solía estar de mal humor y constantemente parecía huir de sí mismo, en detrimento de la capacidad dialéctica que lo había acompañado a lo largo de su vida y fijándolo en el pasado «glorioso» de su carrera de funcionario. Su padre, con la jubiliación, se había convertido, para los ojos del hijo, en una persona semi acabada, a pesar del respeto y la admiración que los habitantes de Hafeld demostraban ante el funcionario

ALOIS HITLER

Estos dos hechos, jubilación prematura y dificultades de entendimiento con su hijo Alois, provocaron en el padre de Adolf una exacerbación de las exigencias para con su hijo, circunstancia que se vio reforzada por la buena marcha de los primeros años de estudio del pequeño. El primer año, éste estudió en Fischkman, donde aprendió a leer y escribir; el segundo año lo cursó en la escuela de Lambach.

La escuela de Lambach era una escuela monástica regida por una comunidad de monjes benedictinos. A lo largo de su estancia en la misma, hasta el año 1898, las calificaciones de Adolf Hitler fueron inmejorables. Su padre estaba muy orgulloso de él y concebía su futuro como el de un magnífico funcionario. Además de ser un muy buen estudiante en Lambach, Adolf Hitler formaba parte del coro infantil, asistía a las clases de canto y muchas veces oficiaba de monaguillo en los servicios religiosos.

Parece ser que las ceremonias religiosas de esta escuela y su participación en ellas ejercieron una influencia importante en su vida. Primero, porque este hecho le llevó en ocasiones a reconocer cierta vocación religiosa e incluso a fantasear con la posibilidad de tomar los hábitos. Segundo, porque la gran pompa de los servicios imprimió en su mente cierta imagen de grandiosidad barroca, la misma que teñirá sus actos políticos desde el inicio de su carrera. Y hay un tercer elemento a tener en cuenta: el abad, que se llamaba Hagen, lucía una cruz gamada en su anillo y mandó esculpir en el púlpito de la iglesia de Lambach la misma esvástica. Un antiguo símbolo, de origen indoeuropeo, que se llenó de connotaciones siniestras a partir del momento en que se convirtió en el estandarte de Hitler y del nazismo.

En 1897 los Hitler se mudaron nuevamente. Dejaron la finca de Hafeld y se trasladaron al pueblo de Lambach, donde permanecieron hasta 1898. Adolf tenía entonces nueve años de edad. Parece que es a partir de esta fecha cuando comienzan sus aficiones por la guerra, los soldados y en general por los juegos bélicos, aunque tales aficiones son de difícil comprobación historiográfica, sobre todo, en las cuestiones de precisar las fechas en que cobran especial importancia este tipo de inclinaciones.

Adolf fue a la escuela de Lambach hasta el tercer curso. En el año 1898 su padre volvió a trasladarse, esta vez a Leonding, donde compró una nueva casa. Adolf ingresó al cuarto año en un nuevo colegio. Leonding, ciudad situada en la región de Linz, fue un lugar crucial en la vida de Adolf Hitler y en sus años de colegio. Siguió siendo un buen estudiante, controlado estrechamente por su padre. Sin embargo, allí ganó una seguridad muy grande en sí mismo y comenzó a hacer sus primeros pinitos en materia de oratoria. En cierto modo, fue en Leonding donde Hitler, a través de las peleas que organizaba con sus compañeros, las declaraciones de guerra que proclamaba entre los bandos organizados, según numerosos testimonios, forjarán en el niño Hitler a un pequeño líder, cabecilla de luchas y enfrentamientos. Tal vez sea en esta época cuando descubrió su gran poder de convencimiento y el carisma que poseía como jefe.

También Leonding tendrá un halo especial para sus futuros seguidores. Se convertirá durante su régimen en un lugar obligado de peregrinación masiva, donde las loas al salvador de la patria tendrán ecos sobrecogedores. La casa de la familia Hitler será el santuario del «elegido» bienhechor de la Alemania nazi. En el año 1900 ingresa en la Escuela Real de Linz. Este año su vida experimentará un cambio también muy importante. Primero porque se muere su hermano Edmund y segundo porque de la escuela elemental de Leonding, donde destacaba como buen estudiante y como pequeño líder, pasa a una escuela en la que cada vez le costará más mantener la buena puntuación de sus calificaciones y donde ya no se sentirá tan seguro de sus capacidades, ni será el centro de atención de profesores y compañeros. Por otro lado el pasar de una escuela de pueblo, familiar y cercana a una escuela extraña y monumental le resta seguridad. El resultado es que tuvo que repetir el primer curso de la Escuela Real de Linz por su «aplicación irregular y por su deficiente rendimiento en matemáticas y ciencias naturales».

PRIMERAS REBELDÍAS

Según reconoce luego Hitler, a pesar de tener muy malas notas en asignaturas de ciencias exactas, era un apasionado de la Historia Universal y de la Geografía y también del Dibujo en las que obtenía muy buenas calificaciones. Sin embargo a su padre no le conformaba este hecho e insistía en la necesidad de que su hijo se aplicara en las asignaturas prácticas para que lograra ser un funcionario de prestigio. Pero su hijo no opinaba del mismo modo. No quería ser funcionario ni seguir estudiando en la Escuela Real, lo que hizo que se forjara en él una oposición muy fuerte a la autoridad paterna ya desde esos primeros años de estudio. Por su carácter independiente y ya desde niño autoritario, odiaba todo lo que le fuera impuesto y toda disciplina que no partía de sí mismo. Más tarde Hitler reconocería que comenzó entonces a sentir la afición por la pintura y la necesidad de realizarse como artista.

Cuando comienza el segundo año de la Escuela Real y después de haber repetido el primero, muere repentinamente su padre. Corría el año 1903 y Adolf contaba con 14 años. A pesar de dicha muerte no se siente liberado como para abandonar la Escuela ya que su madre insiste en que continúe y que cumpla con la voluntad de que estudiara tal como había sido el deseo de su padre. Su rendimiento escolar sigue siendo bastante deficiente y en su interior alberga la idea, madurada para entonces, de convertirse en pintor. Aunque tenía grandes facultades intelectuales como para ser un alumno destacado, su carácter cada vez más rebelde, dominante e inquieto lo llevan a tener problemas en la Escuela en diferentes asignaturas.

Llega así a lo que sería el cuarto curso pero, por sus antecedentes en la Escuela de Linz decide cambiarse de centro y se matricula en la Escuela Real Superior de Steyr. No se conocen con exactitud las causas concretas de este cambio y mucho es lo que se ha especulado al respecto. Lo cierto es que su marcha irregular no es más que la consecuencia de estudios deficientes y de un rechazo continuo a la disciplina del centro que provocan un malestar continuo y una falta de rendimiento en sus estudios. En Steyr las cosas no mejoran. Sigue teniendo bajas calificaciones salvo en sus asignaturas preferidas, Historia y Dibujo aunque en el segundo año de sus estudios en dicha escuela, sus calificaciones mejoran un poco. Su conducta sigue siendo indisciplinada y contradictoria. Por encontrarse en una ciudad extraña, viviendo a su vez en una casa realquilada de un comerciante, se convierte en introvertido y se encuentra aislado, pero al mismo tiempo, sigue siendo dominante y constestario con el cuerpo docente.

A pesar de todo ello y con tal de complacer los deseos de su madre, no quiere abandonar la Escuela hasta convertirse en bachiller. Pero una casualidad del destino acude en su ayuda. Se pone enfermo de los pulmones y por consejos médicos no puede volver a la Escuela Superior hasta que pase un año. Abandona sus estudios y convence a su madre para que, cuando mejore, lo deje ingresar en la Academia de Bellas Artes de Viena.

HACIA EL ARTE

Su madre, que tenía verdadera debilidad por su aún pequeño Adolf, lo apoya en sus sueños. Sensible a los sentimientos, receptiva a las demandas, Klara intuye que el arte puede ser algo superior y llenar de grandeza la vida de su único hijo varón. La intuición materna , en este caso, no falla; lo que falla es la premonición sobre el futuro de su hijo. Tal vez, presentía, en su interior más profundo, esa fuerza agresiva que, si no se canalizaba en la creación, podía desembocar en algo negativo para su hijo. Hipótesis que no podremos confirmar jamás. Lo cierto es que ese deseo tan firme por seguir la ruta del arte fue en Adolf Hitler, mucho más que un deseo; fue una verdadera obsesión.

Este periodo de tránsito entre la niñez, la adolescencia y la juventud, tal vez sean años definitorios en la vida de todos los individuos. En el caso de Adolf Hitler esta afirmación es suficientemente contundente. Audaz en sus convicciones, con una madre sometida al sistema patriarcal en el que estaba inmersa, adquiere una fuerza de carácter poco común, capaz de enfrentarse a su medio con violencia y rebeldía. Se hace intolerante, ambicioso, crítico de sus circunstancias y de toda situación. Indisciplinado y prepotente, seguro en sus afectos internos, fantasioso y locuaz, cuando muere su padre, ya no tiene que seguir directiva alguna. Sólo satisfacer el deseo de su madre por amor, cariño y cierta compasión. Había roto con el principio de autoridad que lo oprimía. Es el momento de reafirmar su autoestima. El camino del arte es una ilusión, una esperanza, pero también, la única posibilidad de afianzar su espíritu rupturista con el sistema, las normas y los principios formales de convivencia.

En esas ambiciones adolescentes, Adolf Hitler deposita todas sus energías. La enfermedad y la convalecencia le ayudaron a ello. No duda que lo conseguirá. Tal vez, porque aún lejos de adivinar su futuro, crea que en su deseo por el arte y por ser un artista consumado esté presente un amor sublimal que hace falta para emprender con convicción el ascenso sin retorno. Un amor quizá que, cuando ese sueño no pueda realizarse, se convierta en un abismo hacia la oscuridad de su contrario: el desamor, el odio, el resentimiento de lo que pudo haber sido y no fue.

LINZ, EL PUNTO DE PARTIDA

Ciudad del siglo XIV, construida en el corazón de la Alta Austria, junto al Danubio, Linz, desde siempre fue esencialmente alemana. En su atmósfera se respiraba el aire contrario a los Habsburgo. Era una ciudad con su alma puesta en Alemania. Racista y xenófoba, era natural en sus calles escuchar propuestas pangermanistas, con un discurso gris y mezquino, hacia todo lo que tuviera alguna connotación eslava, judía o turca. En este clima, tan propicio a las ideas antisemitas que desde principios de siglo y antes de la guerra amenazaban con generalizarse, era también natural que la enseñanza, en los colegios o institutos, se radicalizara, del mismo modo y con la misma concepción del mundo y especialmente la educación de la historia..

Centro con una incipiente pero prometodora industria, dedicado a las actividades metalúrgicas, del vidrio, a los tejidos –sobre todo de lana– a la fabricación de tabaco y también a una incipiente pero próspera industria química, Linz era el prototipo de pequeña ciudad alemana, capital de provincia, con un desarrollo económico industrial y artesanal, que no sólo daba lugar a una más o menos numerosa clase obrera, sino que, por sus actividades terciarias derivadas de este crecimiento, favorecía la expansión de una clase media con recursos, exigente y poderosa. Esta clase será el eslabón fundamental de las simpatías proalemanas de Linz, de su generalizado pangermanismo y de su consecuente hostilidad hacia la casa de los Habsburgo.

Sus dos catedrales, construidas con esa singularidad del gótico alemán, su ayuntamiento, repleto de signos de poder y su imponente palacio episcopal, eran la arquitectura adecuada a orillas de ese río, que naciendo en la Selva Negra, del Brege y el Brigach, con sus más de 2.700 kilómetros, pasará por esta ciudad, con la fuerza de su nacimiento y con la potencia que incorporará a su paso por Baviera; un lugar por el que Hitler, al igual que el río, siempre sintió una atracción especial y que fue una fuente de estímulo para él.

El Danubio parece simbolizar, en su recorrido, la ideología de la que se empapó Hitler en sus años de infancia y adolescencia, y la expansión posterior de su Tercer Reich. Después de nacer en la Selva Negra, origen del nacionalismo y pangermanismo; pasar por Baviera, cuna del nacionalsocialismo, recorrer el norte de Austria y dejar en su tierra esas aguas, penetra en Checoslovaquia, sigue por la frontera con Hungría, atraviesa este país y entra en Yugoslavia, conforma la frontera de ésta con Rumania, para desembocar finalmente en el Mar Negro, por un delta de casi 4.300 kilómetros, siendo una de sus bocas, Kiliya, el límite con Ucrania. En las similitudes simbólicas de las tierras y sus ríos a veces se esconde el misterio de las oscuras razones, que no tienen explicación y que parecen aludir a un destino ineludible de ciertos acontecimientos históricos y de ciertos personajes en ellos.

EL PROFESOR DE HISTORIA

Durante la época de aprendizaje en Linz, surge el interés de Adolf por la Historia. En ella encuentra materia para alimentar su desbordante fantasía. También en las enseñanzas de esta asignatura, proliferan los juicios de valor, que poco o nada tienen que ver con la realidad de los hechos y que serán, más adelante, el caldo de cultivo de sus ideas arbitrarias sobre el mundo, el poder y Europa.

Su profesor de Historia fue, en esa época, el doctor Leopold Poetsch. Representante de la línea pangermanista en el Consejo municipal de Linz, este hombre ejercía de propagador de ideas nacionalistas para el conjunto de sus alumnos. Sus clases se asemejaban más a mítines políticos que a la explicación puntual de la historia. Su falta de objetividad y su profundo rechazo a Austria, generaba esa misma animadversión en los estudiantes que acudían a sus clases. Su arbitraria interpretación de los hechos históricos, daban lugar a convicciones que alimentaban el odio y el rencor, convirtiendo a sus alumnos en auténticos enemigos de Austria.

Este profesor es justamente el más admirado por Hitler, y a quien reconocerá, en su libro *Mein Kamf,* como verdadero impulsor de sus ideas y de su desprecio por el estado austriaco: «Hoy, al pasar revista al efecto que produjeron en mí todos aquellos años, advierto dos hechos que se destacan con relieve propio: 1) me convertí en un nacionalista, y 2) aprendí a ver y a comprender la historia en su sentido verdadero.»

No se sabe el grado de intimidad que alcanzó la relación entre profesor y alumno. Sí en cambio, se ha podido corroborar, que la admiración era un hecho mutuo entre ambos. Hitler era un adolescente que llamaba la atención. Cuando algo le interesaba, se volcaba con vehemencia en ello. Y esto le sucedió con la Hitoria en general y con las clases de Poetch en particular, por lo que atrajo la atención de su profesor. Mientras el alumno se involucraba en las clases y seducía al profesor, éste hacía otro tanto con el estudiante Adolf. «Poetch era la encarnación del profesor ideal», dirá más tarde.

El fanatismo nacional constituía el centro de las clases de Historia, convirtiendo a esta asignatura en la favorita del joven Adolf. Y también reconocerá, en su libro, que en esta época y en estas clases, cultivó, sin darse cuenta, su espíritu revolucionario. La poca simpatía que el joven Hitler sintiera por Austria y por los Habsburgo, se vio confirmada por un maestro admirado, al cual recuerda, afirmando: «...aquel hombre gris, que tantas veces nos hacía olvidar el momento presente, con su fogosa exposición de los hechos, transportándonos a épocas pasadas y sacando de la nebulosa de los siglos, la realidad viva y actual. Nosotros lo escuchábamos ensimismados, a veces incluso al borde de las lágrimas...»

UN DOBLE DESEO

Cuando Adolf enferma no sabe aún que todas las ideas que iban penetrándolo serán la avanzadilla de su vuelco hacia la acción política. Siendo adolescente su intelecto iba conformando una interpretación cada vez más radical de los hechos históricos. Su patria será la patria alemana porque «...la reunión de los Estados alemanes, constituye una empresa que nosotros, los jóvenes, miramos como digna de llevar a cabo consagrándole todos los recursos que estén a nuestro alcance». En sus sueños alimentaba, sin cesar, los sueños expansionistas y racistas alemanes que, dejarán en su haber, multitudes de ideas, impregnadas de fuerzas impulsoras, capaces de concretar su ambición de poder, hacia los caminos del Estado. Estas tenían un eco en toda Alemania. Desde 1895, y desde el ámbito universitario de Leipzig, el profesor Hasse, presidente de la Liga Pangermanista, exigía que el Imperio se extendiera hasta el golfo Pérsico; también exigían que estuviera integrada en Alemania, Suiza, Asia Menor y toda la región de los Balcanes.

Pero el niño Hitler aún no sabe la relación de estas ideas con su destino. En esa época en que comenzaba a germinar con cierta solidez, el expansionismo alemán, él recién ingresaba en la escuela de Fischlham. Después de unos años de estudios en Linz, en los que asimilaba los nutrientes de esa ideología, sus esperanzas todavía estaban puestas en las bellas formas que su pincel quiere descubir a través de los colores y de las líneas de sus dibujos. En ellos alojará fantasmas desconocidos presentes en sus inofensivos paisajes.

> «Austria alemana tornará al seno de la gran Patria germana, pero ello no ocurrirá por razones económicas... Aun cuando la reunión fuera contemplada desde este punto de vista, una cuestión indiferente, más todavía: aunque fuese perjudicial, tendrá que venir. La comunidad de sangre exige la nacionalidad común. El pueblo alemán no tendrá derecho a encarar una política colonial en tanto resulte impotente para reunir a sus propios hijos en un Estado común. Mientras no habite dentro de los confines de la Nación hasta el último alemán, mientras aquella no posea la certeza de que puede alimentar a todos sus ciudadanos, mientras su propio pueblo padezca necesidades, Alemania carecerá de derechos morales para adquirir territorios en el extranjero. Es así cómo la pequeña población fronteriza -se refiere a poblaciones similares a su lugar de nacimiento, Braunau- se convierte para mí en el símbolo de una gran empresa.(...) Este problema comenzó a bullir ya en mi cerebro de niño. En respuesta a mis tímidas preguntas vime obligado, con secreta envidia, a aceptar el hecho de que no todos los alemanes podían tener la dicha de pertenecer al Imperio de Bismarck.»

He aquí la ebullición de unos pensamientos que, en un caldero que quemaba, iban generando unas ideas cada vez más ligadas a una ambición, donde racismo, expansionismo y pangermanismo tenían un denominador común. Todavía confusas, sin ordenar, sin argumentos demasiado sólidos, fluyendo en un río que, como el Danubio, recorría fronteras de Estados ambiguos y de nacionalidades múltiples, difusos pero genealógicos, el joven Hitler fantaseaba con ser un artista consumado, mientras en su orillas, las aguas del río dejaban un sedimento amargo y bestial, que con los años tomará cuerpo y concretará los sueños de la Gran Alemania.

EL JOVEN ARTISTA

ILUSIÓN FRUSTRADA

Cuando alcanzó los 17 años, Hitler se trasladó a Viena, tras permanecer en la ciudad materna de Spital recobrándose de su salud. En el año 1906 tomó contacto con la ciudad, pero no se presentó a la convocatoria de ese año para los exámenes de ingresos a la Academia. Prefirió cultivarse visitando museos y haciendo una vida relajada. Volvió a Linz, donde se dedicó a dibujar, pintar, escribir y estudiar música. Ya había abandonado definitivamente la idea de ser funcionario y lo que le interesaba era realizarse en el terreno de las artes hasta presentarse a la convocatoria de la Academia de Viena al año siguiente.

Ese año enfermó su madre. Sin embargo, no tenía conciencia de la gravedad de la dolencia, por lo cual marchó a Viena a someterse al examen de ingreso. Según sus palabras, estaba convencido de poder pasar las pruebas. Provisto de sus dibujos y de un gran entusiasmo, se presentó a la convocatoria de la Escuela General de Pintura de la Academia de Bellas Artes. Aprobó la primera parte del examen, de gran dificultad, pero, en la segunda instancia, de carácter libre y donde tenía que presentar sus propios dibujos, recibió un gran chasco: fue suspendido junto con otros cincuenta aspirantes más.

Según su propio relato en *Mein Kampf*, nunca vivió un fracaso tan rotundo en su vida ni sintió semejante vacío e inseguridad en sí mismo. Según el dictamen de los profesores, tenía condiciones para ser arquitecto pero no pintor. A raíz de ello, comenzó a fantasear con presentarse al ingreso de la Escuela de Arquitectura.

Pero para ello le falta un requisito elemental: ser bachiller. Su rebeldía hacia la Escuela la pagará demasiado cara, ya que unos meses de estudio no realizados y unas asignaturas no aprobadas le impidieron el sueño de ser arquitecto. Estos sueños frustrados no sólo tuvieron sus consecuencias sobre este joven artista, sino posiblemente sobre la humanidad. En la historia, como en la vida, no se puede volver atrás, ya que el reloj es inexorable; pero, conociendo estas circunstancias, se nos escapa la pregunta: ¿cómo habría sido la historia del siglo XX si Adolf Hitler hubiera sido un plástico o un arquitecto consagrado? ¿Habría aparecido en ese puesto otro fanático con iguales características?

EL PINTOR AFICIONADO

Ese mismo año en que fracasa en su intento de ingresar a la Academia muere su madre. Las versiones de su orfandad son contradictorias, ya que él mismo en su libro *Mein Kampf* habla de la dura existencia y las dificultades que tendrá que atravesar tras quedarse huérfano. «La elección de un oficio habría de resolverse con más prontitud de lo que yo me figuraba. La pobreza y la torva realidad me forzaron a adoptar una rápida decisión. Los escasos recursos de la familia se habían agotado casi como consecuencia de la grave enfermedad de mi madre; la pensión que, como huérfano, me correspondía, no alcanzaba para vivir, de modo que era forzoso ganarme de cualquier modo la subsistencia.» Lo cierto es que Hitler no queda desprotegido. Su madre no era pobre y, posiblemente, les legara a los dos hijos que dejaba en el mundo una considerable herencia, ya que un tiempo antes de su muerte había vendido su propiedad de Leonding. Además, quedaba una pensión por orfandad que, como dijimos, Hitler cedió a su hermana.

En 1908, después de arreglar todos los asuntos relacionados con la sucesión de los bienes y con el testamento de su madre, Hitler se trasladó nuevamente a Viena. Más tarde dirá en su libro: «Con fiera voluntad en el corazón y en la mano una maleta que contenía trajes y ropa interior, me dirigí a Viena. Esperaba poder detener la mano del hado adverso, tal y como lo había hecho mi padre cincuenta años antes. Yo quería ser algo, cualquier cosa, menos funcionario.» Allí se instaló por un tiempo con un amigo suyo, llamado Kubizek y en la ciudad en que vivió el primer gran fracaso de su vida, retomó los sueños que le habían llevado hacia ella: los de ser artista.

Trabajó con ahinco y devoción por conseguirlo. Pintaba sin parar y asistía a todas las clases posibles, sobre todo de escultura, para perfeccionarse en todo lo referente a artes plásticas. Preparó una gran carpeta con sus dibujos para que sus creaciones no tropezaran esta vez con ningún obstáculo. Por fin, en 1908 se abrieron las nuevas convocatorias de la Academia. En esta oportunidad se sentía más seguro que nunca. Por eso mismo el fracaso fue más rotundo. No superó siquiera las primeras pruebas.

Sin embargo, por repetido, el duro golpe no fue de igual manera contundente. Esta vez no se desmoronó. La adultez prematura que debió asumir desde el fallecimiento de su madre, su fuerte carácter y su gran convicción acerca de sus propios valores, esa elevada autoestima similar a la de su padre, lo habían convencido de su destino de artista. Estaba convencido de que habría podido ser un magnífico arquitecto si hubiera terminado el bachillerato, ya que el fracaso de las pruebas de pintura así se lo confirmaban. No, no se agobió. Al contrario, intentó superar este nuevo bache e iniciar una vida de artista libre e independiente.

EL ACUARELISTA PROFESIONAL

Lo primero que hizo fue mudarse de domicilio y desaparecer de su entorno conocido. Nadie sabía nada de él, ni siquiera sus amigos más íntimos. No dejaba señas en ningún lado, hasta el punto de que tampoco se enroló para cumplir el servicio militar obligatorio austriaco, ya que las autoridades militares no pudieron localizarlo. No es de extrañar que por este hecho aparezca en múltiples cronologías biográficas como desertor del ejército austriaco.

Comienza a pintar asiduamente pequeños cuadros que reproducen grandes monumentos de la ciudad de Viena. Iglesias, plazas, puentes, edificos históricos, rincones típicos que singularizan la ciudad pasan por sus líneas y pinceles. Pero Hitler no irá a los lugares donde están esos monumentos. Siempre los copiará de postales o de fotografías que acumula y colecciona puntillosamente. También proliferarán en sus cuadros diferentes paisajes vieneses. Sus técnicas son el grabado, la acuarela y el óleo. Pero Hitler no se dedica solamente a pintar por afición. Vende su obra a través de un «marchante» llamado Reinhold Hanisch. Este lo anima a pintar más y más, sobre todo acuarelas, por las cuales muchos comerciantes que Hanisch conoce tienen cada vez más interés. De pintor aficionado pasa a ser acuarelista y dibujante profesional, lo que significa ver incrementados sus ingresos y facilitada su supervivencia. Sin embargo, la sociedad comercial con Hanisch no dura demasiado. Termina de mala manera, con mutuas acusaciones que para los historiadores quedan poco claras. Lo cierto es que, a partir de 1910, Hitler comienza a vender sus cuadros directamente, sin intermediarios. Lo paradójico del caso es que, más tarde, cuando ya se había convertido en el Führer de Alemania y había desatado el odio antisemita en Europa, se descubrió que la mayoría de sus compradores habían sido comerciantes de origen judío.

De todos modos, la venta directa de su pintura no fue su fuerte. Le costaba contactar con sus potenciales compradores, tal vez porque imbuido de una gran soberbia, pensaba que estaban por debajo de su sensibilidad artística.

Aunque contó con varios «mecenas y protectores», no se conoce que ningún coleccionista ni comerciante de arte de importancia comprara en ocasión alguna ningún cuadro suyo. Según Hanisch, Hitler no era en absoluto sistemático ni trabajador en su pintura. Parecía utilizarla como excusa para no hacer nada de lo que debía como artista. No tenía constancia ni abordaba los retos y dificultades de su tarea artística con la mínima seriedad. Los mismos rasgos por los que había fracasado en la escuela ahora se repetían en el oficio. Cuando abandona la relación con Hanisch, decrece su dedicación al arte y a su trabajo. Cada vez pinta menos, aunque a partir de 1911 establece contacto con un vendedor de cuadros de orígen judío, llamado Neumann, que se ocupa hasta 1913 de vender algunos de sus lienzos.

APRENDIZ DE ARQUITECTO

Lo que más le interesaba a Hitler era la arquitectura. En los edificios y monumentos encontraba la obra plasmada de la humanidad y de las diferentes épocas. La arquitectura era para él el arte de las artes y curiosamente en la concepción de la «creación del espacio» encontró la razón del poder. Cuando más tarde dispuso de un poder ilimitado, se dedicó a proyectar y a levantar edificios monumentales tratando de demostrar sus dotes arquitéctonicas que otros profesionales realizarían en su lugar. Así, por una vía inesperada, el aprendiz se convirtió en el arquitecto mayor de una Alemania que él y sus seguidores creyeron todopoderosa.

Esta idea de monumentalidad, estas ideas plasmadas en la piedra, tuvieron su eco en la política. Toda su vida se dedicará con afán a estudiar minuciosamente las obras europeas que más le atraen. Pero este espíritu no quedará sólo grabado en la piedra y en la información minuciosa acerca de cada obra, sino que tendrá importancia en su mentalidad como fenómeno global. Sus cuadros, aunque de una terminación poco cuidadosa, trasparentan un interés desmedido por los monumentos. Su trabajo sistemátco en copiar edificios a través del dibujo o de las acuarelas amplió y reforzó sus conocimientos de arquitectura y sobre todo su mentalidad aquitectónica. Tenía una verdadera obsesión por el detalle de cada monumento histórico, y esta habilidad llegó a sorprender muchas veces a los expertos o entendidos cuando ya se convirtió en un personaje famoso. Conocía las obras monumentales y artísticas de las muchas ciudades que luego arrasaría como un verdadero especialista.

FANTASMAS MONUMENTALES

A partir de su fracaso en la Academia y de su imposibilidad de ingresar en arquitectura, proyecta edificios. Su estilo neoclásico, el mismo que se verá concretado cuando formalizará las obras, a través de otros ejecutores, tendrán fachadas monumentales y ordenaciones simétricas. La excesiva rigidez en las formas y la ausencia del placer etéreo en los contenidos son sólo un elemento más de sus obras frías y monumentales, características de un espíritu totalitario. Su necesidad de perpetuarse a través del cemento sería mucho más que el sueño de una aprendiz que creía ser un verdadero artista. Pero ese joven rebelde que comenzó su carrera con grandes ansias de libertad y de independencia individual, intransigente ante cualquier autoridad, borró de un plumazo cualquier atisbo de vuelo, le cortó las alas a la imaginación y, con el tiempo, terminó acusando a las tendencias libres del arte de su tiempo como «obscenas, degeneradas y decadentes».

La atracción de Hitler por la Antigüedad clásica lo llevaba a anclarse en una arquitectura que resaltaba rasgos exteriores de grandeza. En los años de Viena forjó estas ideas. Se ocupó de todos los edificios históricos, convirtiéndolos de uno en uno en laboratorios de prácticas y campos de experimentación, donde una y otra vez reconstruía sus planos. Le interesaba el clásico Parlamento, el estilo neogótico del Ayuntamiento o el Renacimiento tardío plasmado en el Ringstrasse, por el que sentía una atracción especial. Este escenario fue para Hitler un lugar especial de estudio en su aprendizaje de arquitecto y en su formación artística en general. Pero no sólo estas huellas dejarían en su alma las vivencias de Viena.

LAS EXPERIENCIAS EN VIENA

En esta ciudad Hitler también profesó el odio y el rencor y encontró la frustración. De esta ciudad dijo que renegaba de su ejército y renunció a ser soldado de su «patria». En esta ciudad se descubrió alemán antes que austriaco. En esta ciudad se quejó de padecer grandes dificultades económicas, cosa poco probable, según sus biógrafos. ¿Qué le ocurrió realmente a Hitler en Viena?

Tal vez la frustración de no haber podido concretar su sueño de artista realzó en gran medida una debilidad interior y ciertos complejos que se adornaron con una gran suficiencia y sobre todo con la constante proyección en el exterior de la culpa de su fracaso. Este mecanismo se repite también en sus análisis históricos. Pero su concepción del mundo, su pangermanismo, no tienen sólo sus referentes en esta capital. La experiencia de Viena le imprimió sin duda mecanismos ya afincados en su personalidad, pero ahora agudizados por un odio inconmensurable y visceral. Estos trastornos traumáticos hacia la dificultad no tienen su origen en la experiencia de Viena, sino en su propia personalidad. Viena los hace visibles y le imprime una marca que arrastrará toda la vida. Su disposición negativa hacia esta ciudad no es más que su disposición negativa hacia las dificultades, el fracaso y todo lo que no alimente el narcisismo enfermizo que lo acompañó hasta su suicidio y que fue una de las claves de su carisma y de su poder dictatorial.

EL VALS DE LA XENOFOBIA

Viena también significó en esos años la razón de su xenofobia; su justificación. Si ya a los quince años de edad, Hitler se sentía un fervoroso nacionalista, su estancia en Viena no hizo más que afianzar este sentimiento con claras características racistas y xenófobas. Según él la ponzoña de extrañas razas roía el cuerpo de la nacionalidad alemana y era justamente en Viena donde esta situación se hacía patética.

A Hitler no le da apuro reconocer que, desde su más temprana juventud, estuvo convencido de que la destucción de Austria era «...una condición indispensable para la seguridad de la raza alemana» y, por lo demás, que el sentimiento de la nacionalidad no se identificaba en modo alguno con el patriotismo dinástico y, también, por lo demás, de que la Casa de Habsburgo se hallaba «...entregada a la tarea de perjudicar a la estirpe germana.»

En realidad Viena era una ciudad cosmopolita con una diversidad cultural riquísima y es este hecho lo que provoca un profundo rechazo en él. En sus descripciones de la ciudad está presente este sentimiento: «...era en los sitios céntricos de la ciudad donde podía tomarse el pulso al Imperio, con sus 52 millones, y con todo el peligroso encanto de aquel estado de muchas nacionalidades» (...) «Mezclábase en Viena, en violento contraste, la más pasmosa opulencia y la miseria más degradante.» Con estas declaraciones Hitler intenta demostrar su refinada sensibilidad social, como si fuera el elemento esencial de su hostilidad enfermiza hacia Viena y estuviera en la causa de su rechazo. Sin duda tal causa tendría que ver con una compleja combinación de elementos biográficos, circunstanciales e históricos que compendiarán un gran resentimiento hacia todo lo que esta ciudad simboliza.

En ella descubrió el brillo fascinador de la Corte que «...atraía la riqueza y la inteligencia del resto del Imperio con la fuerza de un imán, a lo cual hay que agregar todavía la poderosa política centralizadora de la monarquía habsburguiana» (...) «Era eso lo único que podía mantener unido a aquel mosaico de nacionalidades. El resultado se traducía en una extraordinaria concentración de toda la autoridad en la capital» (...) «Por lo demás, Viena no sólo era el centro político e intelectual de la antigua monarquía danubiana, sino también el centro administrativo.» La crítica política de un ordenamiento obsoleto para los tiempos que corrían, en ese tumultuoso principio de siglo, va unida a una aguda crítica social; ambas se verán corroboradas por efectivas injusticias que atravesaban todo el imperio y que Hitler interpretará a su antojo, recurriendo a recetas temerarias para curar dichos males.

LA CUESTIÓN SOCIAL

Para el futuro Fhürer, la meta estaba antes que el camino. Por ello siempre comenzaba por plantear la destrucción de lo que, según él, estaba putrefacto. Curar los males sociales no era otra cosa que arrasar, sin contemplaciones, con lo que los provocaba. En la descripción que hace de la sociedad vienesa de su tiempo, apunta en esta dirección. «...Aparte del enjambre de altos funcionarios, funcionarios del Estado, artistas y profesores, había allí una muchedumbre aún más numerosa de obreros, codeándose la miseria más increíble con la riqueza de la aristocracia y del comercio. Miles de desocupados rondaban en torno a los palacios de la Ring Strasse y, debajo de esta *vía triumphalis* aquellos que carecían de hogar se apiñaban en medio de las sombras y la suciedad de los canales.»

En realidad, Hitler, con un espíritu revolucionario, a su manera, cree fervientemente que la acción social debe restaurar derechos y no hacerse como si se tratara de una obra de beneficencia. Pero sabe y es consciente que el Estado austriaco es incompetente para ello, por lo que tiene un nuevo argumento para odiarlo. Austria ignora todo tipo de legislación social y esta ignorancia es según él la base de su decadencia. Hitler lo expresará así: «Mientras luchaba por la existencia en Viena, conocí claramente que la obra social no consistía jamás en trabajar en pro del bienestar, lo que es al propio tiempo ridículo e infructuoso, sino más bien en la extirpación de los profundos errores de la organización de nuesta vida económica y cultural, suceptibles de terminar con la degradación del individuo o, por lo menos, de conducirle por extraviados derroteros.»

De esta situación que, en la apariencia, describe una penosa realidad social y económica, se aprovecharán más tarde las corrientes nacionalsocialistas, encabezadas por Hitler, para desarrollar una idílica revolución. En efecto, la situación de la capital de los Habsburgo, era un caldo de cultivo de las reivindicaciones sociales de todo tipo. El germen del nacionalsocialismo también está alojado en esta realidad que, con los componentes ideológicos ya constatados, irá cultivando en su seno vertientes contradictorias. En la cabeza de Hitler y en sus años de Viena tienen especial fuerza la combinación de estos elementos. Ideas, realidad, viejos fantasmas reivindicativos, sueños de poder, resentimientos acumulados, constituyen el cóctel explosivo cuya mecha todavía no se ha encendido en el escenario europeo y en el tránsito que el joven Hitler realiza por la historia. Querrá, más tarde, afianzar su pretendido oracular pensamiento, al afirmar que «...la Casa Real se hacía checa por donde se la mirase; y fue la mano de la deidad, de la justicia eterna y del castigo inexorable quien decretó que el más sañudo enemigo del germanismo en Austria, el archiduque Francisco Fernando, cayera vícitima del plomo que él mismo había ayudado a moldear. ¡Y era él quien con más ahínco trabajaba desde arriba para transformar Austria en un estado eslavo!» (...) «El germen de la futura guerra mundial y del derrumbe general vivía en la desastrosa conexión entre el joven Imperio Alemán y el estado-sombra de Austria.»

EL HÉROE DEL REICH

DECLARADO INÚTIL

En 1913, a los 24 años de edad, Hitler se traslada de Viena a Munich. Esa ciudad había ejercido siempre un gran atractivo para él. En ella encontrará la armonía entre la piedra y la atmósfera artística que se respiraba; la conjunción entre el gris monumental y una especie de espíritu telúrico. Seguirá realizando en esa ciudad lo que había comenzado a hacer en Viena: vender su pintura para poder cubrir sus necesidades económicas. Pero esta vez no lo hará a través de ningún intermediario, sino directamente. Como reconocerá el mismo Hitler, ya no le interesaba demasiado ser pintor; sólo lo hacía para mantenerse y así poder realizar otras actividades. Seguía siendo un apasionado de la arquitectura, y en Munich encontró los modelos arquitectónicos que le inspiraban no sólo sus cuadros, sino muchas horas de estudio. Redescubría en esos edificios los planos, para luego dibujarlos o proyectar otros nuevos. Esos dibujos lineales eran los más queridos, por lo cual nunca se desprendió de ellos. Sus sueños de grandeza paseaban por las líneas de sus esbozos, que guardaba celosamente.

No se sabe con exactitud cuánta obra pictórica realizó Hitler a lo largo de ese año. Lo que sí puede documentarse es que los cuadros destinados a la venta eran de pequeño formato y ninguno sobrepasaba los 35 por 40 cm. Sus motivos iban desde el Teatro Nacional, la Puerta de Sendlinger, el Ayuntamiento, el Hofbrauhaus, hasta una diversificada serie de edificios históricos, sobre todo iglesias y palacios.

Aunque era conocido en su casa y en ciertos círculos de la ciudad como pintor profesional , a él le interesaba ya poco la pintura. Además de su pasión por la arquitectura, vuelve sobre algo que desde pequeño le había entusiasmado: la historia y, sobre todo, la historia política. En ella se sumerge y encuentra el clima para desarrollar su inteligencia inquieta. Sigue con atención los acontecimientos políticos de su época y el espíritu pangermanista lo contagia de una devoción por todo lo alemán. Antes de finalizar el año 1913, la policía austriaca solicita a Munich el paradero del tal Hitler, ya que no había realizado el servicio militar obligatorio. En esa época y hasta comenzar la Gran Guerra, Hitler vivía en la casa de un sastre llamado Josef Popp, en la calle Schleissheimer. Esto es lo que notifica la policía de Munich a las autoridades austriacas a principios de enero de 1914.

Hitler no se había cuidado de guardar de forma clandestina su domicilio. No se esperaba por parte de las autoridades austriacas tanto interés por su persona. Un día de enero de 1914, aparecieron en la casa del comerciante Popp funcionarios de la policía criminal de Munich buscando a Adolfo Hitler para llevárselo. Era una verdadera búsqueda y captura. Cuando lo encontraron, se lo llevaron al consulado austriaco. Pero Hitler no quería saber nada con el ejército de Austria. Detestaba todo los relacionado con el poder del Imperio. Para él, los austro-húngaros habían traicionado el espíritu alemán y la unidad germánica y no quería formar parte de lo que él consideraba un engaño. Hitler es trasladado a Salzburgo para entrar en la tropa. Pero se vale de su pasado enfermizo y de complicadas artimañas hasta que, en febrero de 1914, es declarado inútil y se le exime de realizar el servicio militar.

LA FUERZA DE BAVIERA

Después de este paso por Munich, en que se informa de todos los acontecimientos políticos, pinta para mantenerse y aprovecha todo su tiempo libre para estudiar. Hitler, además, afianza su carácter retraído, a la vez que impulsivo, contradictorio y agresivo. En la ciudad era considerado un personaje un poco raro, y cada vez que podía participaba en discusiones políticas, en donde ya daba muestras de su deseo de notoriedad, de su vehemencia, de la capacidad de convencer a sus oyentes con argumentos y gestos y de su singular manera de analizar los acontecimientos. Para Hitler este año en Munich fue decisivo para conformar sus convicciones y sus puntos de vista. Por eso lo recordará como uno de los años más satisfactorios de su vida.

Durante ese año también se hará bastante amigo del sastre Popp y de sus hijos, a quienes profesaba un gran cariño. Aparte de la amistad que cultiva con esta familia, tendrá otros amigos, con los cuales irá compartiendo su visión de las cosas y donde se afianza la idea de que no estaba dispuesto a luchar por el Estado austriaco. Hitler era ya un fanático pangermanista, que no quería servir en el ejército del Estado austriaco porque «estaba lleno de checoslovacos y judíos». Su desprecio por su patria austro-húngara es la contrapartida de su admiración por el suelo alemán, por el que sí está dispuesto a luchar y a ser soldado. Por ello está contento de la decisión que ha tomado y del curso que han seguido los acontecimientos. El 1 de agosto de 1914, después de haber sido asesinado en Sarajevo Francisco Fernando, el heredero del trono austriaco, comienza la Primera Guerra Mundial. Quince días después, el declarado «inútil» Adolfo Hitler se alista como voluntario en el Sexto Batallón de Reclutas del Regimiento de Infantería número 16. Estaba dispuesto a morir por el Reich alemán.

EL SOLDADO ALEMÁN

No sólo se siente feliz por la situación, sino que se siente orgulloso, como reconocería en *Mein Kampf*, de pertenecer a esa época histórica y de poder participar en un ejército bávaro en esa guerra que para él, como para muchos de su ideología, parecía la oportunidad del gran desquite de los pecados cometidos contra el Estado alemán. Su entusiasmo por la guerra es compartido por muchos alemanes de su generación. Es ese entusiasmo el que le lleva a pedir la gracia de ser incorporado al Ejército de Baviera, por lo que una vez concedido el permiso y alistado en el

Batallón, jura fidelidad al rey de Baviera y al emperador Francisco José. Durante dos interminables meses recibe instrucción militar en el Regimiento número 16, que luego, en octubre, se llamaría «List», como el nombre de su comandante, que moriría por esas fechas.

La instrucción que Hitler recibe, como la de la mayoría de los reclutas, es insuficiente. Pero en esos dos meses se afianza su espíritu de cuerpo y el sentido de compañerismo. Trata de capacitarse en el terreno militar, pero, sobre todo, intenta forjar una disciplina de la que siempre había carecido. Realiza un trabajo sistemático de aceptación de las condiciones frente a su carácter rebelde e indomable y se prepara para recibir órdenes. Intenta canalizar su energía en una actividad de perfección cotidiana, por lo que siempre lucirá un aspecto cuidado y se destacará por la aplicación con que ejecutará sus tareas para que éstas resulten impecables. Pero no perderá nunca el aire particular de su personalidad enérgica y dominante. A mediados de octubre y después de una cortísima y dudosa preparación militar, marcha al frente con la Primera Compañía del Regimiento número 16.

LA GUERRA Y EL FRENTE

Hitler es trasladado al frente el 21 de octubre de 1914. El día 29 del mismo mes ya participa en su primer combate, en Yser. Luego participa en los combates en Ypern y, ya a principios del mes de noviembre, es propuesto para cabo. A mediados de noviembre es destinado a la Plana Mayor del regimiento y, desde mediados de ese mes hasta el 13 de diciembre, participa en la guerra de posiciones de Flandes. Pero antes, el 2 de diciembre de 1914, es dintinguido con la Cruz de Hierro de segunda clase, tras la cual es designado al cargo de enlace de combate. Esta Cruz le fue concedida por su valor en la ofensiva de Messines y Wytschaete, por lo que Hitler se siente tremendamente orgulloso y feliz.

Según los historiadores y biógrafos, Hitler fue un soldado valeroso, arriesgado, considerado por sus camaradas y ensalzado muchas veces por sus superiores. Sin embargo, como todo narcisista, exageraba sus virtudes en la guerra y, sobre todo, agrandaba el cúmulo de experiencias y combates en los que había participado. Pero no hay duda de su participación en numerosos combates así como en las batallas en que cayó herido. Después de recibir la primera Cruz de Hierro, sigue participando como enlace de combate de la Plana Mayor en el frente del Flandes francés hasta fines de diciembre de 1914.

En el año 1915 se mantiene la guerra de posiciones en el Flandes francés y participa de los combates de Nueve-Chapelle, La Bassée y Arras. En octubre de ese mismo año es trasladado a la Tercera Compañía del Regimiento de Infantería número 16, en la que participa hasta febrero del año siguiente. La guerra de posiciones de Flandes le forjarán el instinto militar y su disposición para el combate. Este largo frente significó una fuente inspiración y su escuela más valiosa, cuando tuvo que dirigir sus propios ejércitos del Tercer Reich. El frente de Flandes siempre fue una referencia obligada para él, cuando trataba asuntos militares. En él realizó tareas de reconocimiento y participó en combates ejemplares, en los que desarrolló una gran voluntad de superación, un instinto de conservación y una agudeza y rapidez de decisión que serían instrumentos para utilizar durante todas sus campañas militares.

EL COMBATIENTE IRRACIONAL

Ya en 1916 se sentía seguro en el frente. Siendo enlace, ascendido a cabo y con una condecoración en su mochila, no tenía ningún reparo en demostrar quién era. Sus compañeros lo consideraban un soberbio que en las horas libres se dedicaba a arengar al resto de los soldados. A pesar de considerarlo un buen camarada, ya que era arrojado en el combate y predispuesto para la lucha y el primero en asumir los peligros del frente, muchos compañeros creían que estaba medio loco y no lo tomaban demasiado en serio cuando se desgañitaba en sus acalorados discursos para convencerlos sobre las necesidades de un nuevo orden político.

En el frente Hitler pasó por ser un charlatán y hasta tal punto trascendió el grado de sus delirios, que algunos comentaban que hacía figuritas de barro que colocaba alineadamente en la trinchera y a las que dirigía discursos sobre la victoria, la conquistas de los alemanes y la creación de un nuevo Estado. Sin embargo, para sus superiores, Hitler pasaba por lo que había demostrado como soldado: valiente, dispuesto al sacrificio y al peligro, cauteloso, disciplinado, constante, de carácter a la vez frío e intrépido, infatigable y de conducta ejemplar.

En este sentido y, contradictoriamente, Hitler constituía un ejemplo para el resto de los soldados. Y es ésta la imagen que dejó grabada de su paso por el frente. En 1916 sigue en su puesto y participa en el combate de Fromelles y en la batalla de Somme, siempre en el frente de Flandes, hasta que el 5 de octubre de ese año, en Le Bargur, es herido en la pierna izquierda. Es atendido en la Cruz Roja de Beelitz, donde permanece hasta diciembre, cuando se le traslada a la Cuarta Compañía del Batallón de Reserva del mismo regimiento al que pertenecía.

DESCANSO Y REFLEXIÓN

En la reserva permanece hasta marzo de 1917, año en el que se reincorpora al frente, de nuevo en la Tercera Compañía y en la posición de Flandes. En ese año participa en la batalla de Arras, en la guerra de posiciones de Artois, en las batallas de Flandes y en la guerra de posiciones de la Alta Alsacia. Después de esta apretada experiencia militar, se le concede la distinción de la Cruz del Servicio Militar de 3ª clase y le otorgan unas vacaciones, circunstancia que aprovecha para visitar Spital, lugar de residencia de su familia materna.

Los relajados días de Spital le permitieron no sólo reponerse de largos meses de infatigable acción, sino elaborar una serena reflexión sobre su participación en la guerra. Analizaba los combates en los que había participado, no como un simple cabo, sino con una mentalidad estratégica, tomando nota de las ricas experiencias. En esos años de combates y batallas aprendería casi todo sobre la «ciencia» militar, más de lo que hubiera aprendido siendo General del Estado Mayor en un despacho. Esas experiencias militares, más las que le esperarían a lo largo de 1918, serán la base de su formación como general de operaciones y estratega, formación que, más tarde, cuando ya detentara el poder, haría valer en sus deliberaciones con los militares del Tercer Reich.

Desde finales de 1917 hasta finales de marzo de 1918, participa en la guerra de posiciones de Ailette, en la gran batalla de Francia y en los combates de Avre y Montdidier. En abril es galardonado con un diploma del regimiento por su valor y arrojo en Fontaine, y se le concede la Orden Negra por sus diversas heridas de guerra. Desde mayo hasta agosto de ese mismo año participará en las batallas de Soissons, Reims y Marne, entre otras. A principios de agosto es distinguido con la Cruz de Hierro de Primera Clase.

LA CONDECORACIÓN DE LAS CONDECORACIONES

Mucho se ha hablado de la participación de Hitler en la Primera Guerra Mundial y también muchas versiones antagónicas se han sucedido acerca de esta máxima condecoración de la Cruz de Hierro de Primera Clase. Sin duda, el campo de batalla y las operaciones en las que participó fueron su escuela elemental del arte de la guerra. Parece que no hay duda de que fue un soldado intrépido, pero por su posterior evolución política y militar, se ha cuestionado bastante el merecimiento de esta condecoración. Sin embargo, sus jefes lo creían digno de la misma.

Como hemos visto, Hitler participó en guerra de posiciones y en combates abiertos, en los que parece haber demostrado una valentía excepcional y una sangre fría absoluta. Parecía no tener ninguna clase de temor y el miedo a la muerte estaba lejos de sus cálculos cuando asumía los peligros extremos. La condecoración fue propuesta por los altos oficiales, quienes conocían muy bien su desempeño como enlace de la Plana Mayor del frente. En esta función se exigía precisamente un temple especial para conectar a los diferentes mandos, transmitir órdenes y moverse entre las líneas del enemigo. En esos tiempos de la Primera Guerra Mundial, en los enfrentamientos más duros, quedaban rotas las comunicaciones y para que las órdenes llegasen a los diferentes mandos, todo depende de la capacidad del enlace de combate. Esta capacidad fue demostrada, con creces, por Hitler. Todos los oficiales hablaron favorablemente de su participación en la guerra a fin de que se le otorgara tamaña condecoración.

Además de esta hoja de servicios llena de aptitudes militares hubo dos hechos significativos que contribuyeron a formalizar la entrega de dicha distinción. El primero fue una orden que, en la batalla de Marne, llevó hasta la artillería alemana en medio del fuego enemigo para que éstas no atacaran un lugar donde estaba la propia infantería alemana. Gracias a la acción de Hitler, la infantería alemana no fue arrasada por la artillería de su mismo ejército. Este hecho lo conocieron los altos mandos, que le concedieron la Cruz gracias a un oficial ayudante judío, llamado Gutmann, quien lo propuso por ser testigo de la hazaña de Hitler. El otro hecho importante que se tuvo en cuenta, además de la condecoración anterior, fue que le salvó la vida a un capitán que había sido gravemente herido por una granada y que, gracias al impulso de Hitler, quien lo arrastró hasta un lugar seguro, consiguió ponerse a salvo. Como vemos, el destino de Hitler, contradictoriamente, parece estar ligado a judíos que fueron en cierta medida benefactores de su paso por el mundo.

CEGUERA Y NEUROSIS

Después de conseguir esta Cruz sigue la guerra. Participa en la batalla de Monchy-Bapaume y luego se va de permiso a pasar unos días a Nüremberg y otros a Spital, donde pasa unas cortas vacaciones. Entretanto, recibe la Medalla de Tercera Clase por los servicios prestados. Pero aquí no terminarán sus días de soldado. Le quedará aún la batalla defensiva de Flandes. Precisamente en ella y concretamente en La Montagne, es víctima de un envenenamiento ocular por los efectos del gas, por lo que es trasladado de urgencia al hospital de campaña de Oudenaarde y, desde allí, al hospital prusiano de Pasewalk. Como todos los hechos que rodearon a este personaje, también sobre éste las versiones son contradictorias y especulativas. Según él, quedó ciego completamente por varios días. Según sus detractores, todo lo que rodeó su participación como soldado en el frente ha sido exagerado y manipulado por las fuentes de origen nacional-socialistas.

Muchos, basados en sus conocidos ataques de histeria y neurosis, han dicho que su ceguera fue de origen psicosomático. Sin embargo, las especulaciones negativas, como en el caso de sus condecoraciones y participación en las batallas, no son ciertas. Estas verdades comprobadas en nada alteran su participación posterior en la historia. El gas lanzado en La Montagne fue un hecho histórico y muchos soldados alemanes sufrieron graves intoxicaciones a consecuencia del mismo. También muchos de ellos fueron hospitalizados y tuvieron que tener muchas precauciones para superar el estado de intoxicación. Sin embargo, teniendo en cuenta los antecedentes de la personalidad de Adolf Hitler y su respuesta neurótica ante la adversidad y las dificultades, es muy probable que tuviera un comportamiento histérico, lo que prolongó su convalecencia.

También se ha dicho que el miedo provocado por el gas generó en él un odio indescriptible hacia este veneno. Muchos de sus analistas, lo han interpretado como un fantasma que, alojado en su inconsciente, volvió a resurgir cuando se instrumentalizaban los medios tecnológicos para abordar la solución final de la cuestión judía. El veneno que le provocó la ceguera, según estas hipótesis, fue reificado para acabar con una *bacteria* que, según él, constituía el principal drama de la historia de la humanidad.. Aquella ceguera podía ser la fuente de ésta; una y otra conjugan, al unísono, la utilización del gas para provocar la muerte.

EL FIN DE LA GUERRA

Hallándose en el hospital de Pasewalk, el 7 de noviembre de 1918, se entera de que la guerra ha terminado. Ya le había desaparecido la ceguera. «Durante los días subsiguientes fui testigo de los sucesos más infaustos que haya podido presenciar en mi vida. Los rumores se tornaban más y más precisos. Lo que yo me imaginaba que era un episodio aislado adquiría aparentemente las características de una sublevación general. Y para colmo de males, de los campos de batalla venían noticias desalentadoras. Se deseaba la capitulación. Así como suena.» (...) «el 10 de noviembre llegó al hospital el anciano pastor para dirigirnos una breve alocución; de sus labios lo supimos todo» (...) «nos aseguró que la Casa de Hohenzollern había abdicado a la corona imperial de Alemania y que la patria sería en lo sucesivo una República. Todo había sido en vano. ¡En vano los sacrificios y trabajos; en vano el hambre y la sed sufridos por espacio de interminables meses; en vano las horas consagradas al deber, sobrecogidos por el temor a la muerte; en vano el sacrificio de la vida de dos millones de seres!» (...) «¿Y nuestra patria?» Este párrafo describe claramente el sentimiento que lo inunda por aquellos días y que se convertirá en la fuerza motriz impulsora de sus ideas y de sus acciones futuras.

En diciembre de 1918, consigue que lo reincoporen en el Batallón de Reserva del Regimiento al que había pertenecido, después del alta de fines de noviembre. Como enlace de la Plana Mayor, Hitler había estado en contacto con oficiales de alta graduación. Incluso en más de una ocasión se permitía el lujo de discutir y exponer sus ideas políticas con algunos de ellos. La guerra no sólo fue una escuela militar para él, sino un campo de batalla para afianzar su personalidad y sus convicciones y para sentirse seguro de sí mismo, incluso ante las más altas instancias del poder. Pudo confrontar sus capacidades políticas y militares. Y si bien no tenía aún decidido si dedicarse a la arquitectura o a la política, sus dos grandes pasiones, la declaración de la República de Baviera y el proceso revolucionario general inclinaban la balanza hacia la participación política activa, por la envergadura de la etapa social e histórica que se avecinaba en la Alemania de la posguerra.

OBLIGADO POR LAS CIRCUNSTANCIAS

La política comenzó a atraerle estando dentro del ejército. La participación a través de circunstancias anexas, le facilitó contactos y formación que no esperaba. La pintura ya no le interesaba. Dibujaba o pintaba en sus momentos de ocio o de relajación, casi de modo inconsciente. Mientras hacía cualquier otra cosa, garabateaba con un lápiz distintos retratos o autoretratos. Sus caricaturas tenían movimiento y gracia y mostraban una predisposición innata hacia el dibujo. Hitler conservará esta predisposición a dibujar sobre cualquier papel que encuentre a mano hasta sus últimos días.

Muchos de sus conocidos circunstanciales o amigos íntimos han coincidido en afirmar que, de no ser por los acontecimientos políticos y por su partcipación en la guerra, Hitler no se hubiera dedicado nunca a la militancia política. Muchos de ellos le consideraban un artista que circunstancialmente se encontraba realizando actividades políticas, por los acontecimientos externos. Incluso determinados artistas alemanes lo llegaron a considerar un colega que, a pesar suyo, había tenido que emprender el duro y difícil camino de la guerra. Otros creían que se había hecho político simplemente para realizar sus grandes proyectos arquitectócnicos. El destino y la casualidad habían impedido, con sus obstáculos, la realización del artista.

En el famoso protocolo de Heim, Hitler reconoce que había sido un político en contra de su voluntad y que, para él, la política no era más que un medio para conseguir un fin. «El día que me retire de la vida política será el más feliz de mi vida, pues entonces dejaré a un lado todas las preocupaciones, todas las molestias y todos los problemas. Me gustaría dedicar unos años a fin de poner en orden mis ideas para luego escribirlas. Las guerras vienen y se van, son efímeras. Lo único que permanece son los valores de la cultura. Por eso tengo tanto amor al arte. ¿No es acaso la música, junto a la arquitectura, las fuerzas destinadas a mostrar el verdadero camino de la verdad, a las generaciones futuras?»

HACIA LA CONVERSIÓN

Para Hitler los acontecimientos de Baviera fueron decisivos para convertirlo en político. No hay que olvidar el amor especial que guardaba por su capital, Munich. «¡Una ciudad alemana!,... yo pertenezco a esta ciudad más que a cualquier otro lugar de la tierra, y esto se debe a que ella está inseparablemente ligada a mi evolución.» En 1918 y 1919 regresa una vez más a su amada ciudad. Vive la situación como insostenible. Según él, la muerte de Eisner, sirvió para precipitar los acontecimientos, provocando la dictadura de los Consejos, «...descrita con más propiedad si la llamamos gobierno transitorio de los judíos, en lo cual consistían precisamente los propósitos e ideas originales que ocasionaron la revolución Durante aquel período barajaba yo en mi mente mil diversos proyectos.»

Cada uno de ellos, estaba ligado a un eje que, en medio de las convulsiones sociales, se transformaban en una obsesión: «...el capital internacional no sólo fue uno de los factores determinantes de la guerra, sino que además, hoy no se da punto de reposo para convertir la paz en un infierno... para mí, lo mismo que para todos los verdaderos nacionalistas, no existe sino una doctrina: Nacionalidad y Patria.»

El tránsito del infierno de la paz al de la guerra será el vínculo más estrecho de Hitler con la política. Todos los elementos ahora producían un vuelco hacia esta nueva predisposición. Sus lecturas, la formación que le había dado el ejército, las influencias ideológicas, las luchas sociales, su aparente distancia pero su participación constante como observador no neutral, hacían de él un personaje peculiar, capaz de realizar una síntesis de teoría y acción poco común y peligrosa, en el entramado de la historia que había tejido, como una red, alrededor de sí mismo.

DE SOLDADO A POLÍTICO INICIADO

INFLUENCIAS IDEOLÓGICAS

Hasta ahora hemos hecho un seguimiento de Hitler a través de sus primeros pasos, la formación básica de su carácter y su personalidad, los diferentes entornos y circunstancias que le tocaron o eligió vivir, sus fantasías y los hechos concretos que protagonizó en la primera etapa de su vida. Sin embargo, un personaje histórico de su envergadura no es producto sólo de su patología individual. Sin duda, ésta enlaza con la locura de su época. Al mismo tiempo, muchos mecanismos personales propios de ciertas patologías entroncan precisamente con ciertas posturas ideológicas y políticas, y viceversa. Por ello, Hitler no es fruto de la nada ni tampoco es sólo el resultado de determinadas circunstancias sociales y políticas. Es las dos cosas. Por cierto, hubo una atmósfera ideológica que rodeó al singular Führer, le dio vida y facilitó la articulación de su discurso y su acción. Al mismo tiempo, también existió una realidad económica y política que sirvió de caldo de cultivo para que afloraran esos sueños que, con el paso del tiempo, terminaron por convertirse en una atroz pesadilla que conmocionaría negativamente al mundo entero.

Después de la Primera Guerra Mundial, Alemania quedó sumida en una grave crisis económica que afectó, como todas las crisis, a los sectores más desprotegidos de la sociedad y, especialmente, a los sectores asalariados de la industria. Existía un alto nivel de desempleo y un descontento social recorría todas las ciudades. El inicio de esta crisis fue la derrota de Alemania en 1918. Nadie en este país esperaba semejante desastre. Más aún: hasta los últimos meses de la guerra, los militares, con todas las fanfarrias de su triunfalismo, habían insistido en que obtendrían la victoria. La paz con Rusia y la última ofensiva en Francia demostraban esta creencia. Fue tal el impacto de la verdad de la situación bélica, que la indignación generalizada alimentó una tumultuosa revolución popular, hecho que propició la instauración de una república democrática. Ésta no sólo forzó la abdicación del emperador, sino que desmembró la frágil unidad alemana.

Por ello, tras la derrota, las interpretaciones de la realidad fueron tan antagónicas. La derecha alemana entendió que el resultado de la guerra había sido consecuencia de la revolución popular, pues el ejército parecía dispuesto a continuar combatiendo en los campos de batalla. Para la izquierda, las cosas eran diferentes: la revolución era producto de una derrota vergonzosa a la que el ejército alemán había arrastrado al pueblo. Lo cierto era que los partidos socialdemócratas y centristas ya venían pidiendo el cese de hostilidades desde el año 1917, en abierta oposición al ejército. En 1918, cuando la rendición aún no había sido firmada, la oleada de huelgas que agitaba Alemania se había propagado hasta en las fábricas de municiones e incluso en algunos cuarteles. Después de la contraofensiva aliada en el Marne y de la derrota de Amiens, en agosto de 1918, los alemanes se retiraron a Sigfried, y el Estado Mayor volvió a ser presionado para que desistiese de continuar la guerra. Ante tal situación, en septiembre Hindenburg y Ludendorff, jefes del mando supremo alemán y figuras muy importantes en la posterior vida política de Hitler, pidieron a los aliados la firma de un armisticio inmediato.

LOS ESTALLIDOS POPULARES

La revolución popular se gestó de forma paralela a estos acontecimientos. Estallaron sublevaciones en las bases del ejército y de la marina y se constituyeron consejos revolucionarios, similares a los de los *soviets* bolcheviques, en Hannover, Munich, Hamburgo y otras ciudades alemanas. En noviembre, la revolución estalló en Berlín y fue proclamada la República de Baviera. Después de la huída de Guillermo II a Holanda, los socialdemócratas, con el moderado Ebert a la cabeza, asumieron la jefatura del gobierno y, el 9 de noviembre, proclamaron la República. A los dos días, exactamente el 11 de noviembre de 1918, Alemania firmó el armisticio.

La nueva república democrática sufría una gran debilidad congénita: no era respetada ni existía ningún tipo de acuerdo acerca de su evolución. Para unos, era el producto de la irresponsabilidad de los sectores revolucionarios y de la mentalidad extranjerizante del proletariado; para los otros, no era suficientemente revolucionaria. La frustración por la derrota, la revolución, el tratado de Versalles y las reparaciones de guerra fueron el clima que los alemanes vivieron desde 1919 en adelante.

Es en estas circunstancias cuando cobran fuerza las ideas pangermanistas, expansionistas, racistas, particularmente antisemitas, y aflora el sueño de la Gran Alemania. Son precisamente las ideas que venía mascullando Hitler en sus lineales análisis de la realidad. En este proceso, Hitler sufrirá influencias ideológicas decisivas y se adherirá a formulaciones teóricas ya existentes, las hará suyas y las llevará a límites decididamente extremos.

ANTICOMUNISMO, NACIONALISMO Y RACISMO

Cuando terminó la guerra, Hitler tenía 30 años. Sus escenarios más relevantes habían sido Linz, Viena, Munich y el frente. A través de este itinerario, fue consolidando su concepción del mundo, su método de análisis político y su filosofía de vida. Entre su estancia en Viena y el fin de la guerra, ya se había convertido en un acérrimo enemigo del marxismo, en un antibolchevique convencido, un pangermanista cabal y un auténtico antisemita. Los acontecimientos revolucionarios y la crisis que sacudía a la sociedad por los cuatro costados no sólo venían a confirmarle sus teorías, sino que representaban la atmósfera ideal en donde las podía desarrollar, constatar y perfilar, hasta tal punto que la realidad se convertía en un insustituible campo de experimentación de las mismas. Nada fue más propicio para sus tendencias psicosociales que la eclosión de los acontecimientos de la posguerra, que operaron como detonante de su desarrollo personal.

Esta «universidad de la vida», sin embargo, no le dio una formación demasiado sólida. Aunque era muy estudioso y solía estar muy informado, su falta de disciplina, de orden, de orientación y de aplicación sistemática hizo que esa información, recibida a través de canales más bien espontáneos y anárquicos, fuese interpretada de una manera singular pero rígida, cerrada e intolerante. En efecto, Hitler se dejaba influir por los acontecimientos y el clima de su época y por la pasión del momento histórico, en detrimento de una lectura objetiva de los acontecimientos.

LECTURAS E INFLUENCIAS

No se conocen con exactitud las lecturas concretas de Hitler, aunque sí hay constancia de que leyó tanto a Schopenhauer como a Nietzsche y a Platón, así como de que era un conocedor de las tesis de Lenin y hasta de los ensayos estéticos de Hauser. Sin embargo, la influencia más importante la recibió de la Liga Pangermanista, que defendía un antisemitismo biológico y cuyo referente «espiritual» era Schönerer, un escritor e ideólogo nacido en Spital, el pueblo de los Hitler, y al que Adolf admiraba fervientemente desde sus años de adolescencia en Linz. El haber caracterizado a los judíos como una enfermedad histórica e incluso como un virus de la sociedad implicaba para él, más que un odio personal, una convicción casi científica, que sostendría con la frialdad de un entomólogo. Estas teorías, así como otras de carácter histórico, que justificaban la expansión de Alemania a través del planteamiento del espacio vital, tienen por detrás a la obra de Bölsche, Darwin, Malthus, Gobineau, Gibbon y también a su amigo y literato Eckart.

Durante sus años de adolescencia en Linz tuvo mucha importancia en la conformación de las ideas de Hitler un profesor de historia llamado Poetsch, integrante de la Liga Pangermanista, quien luego sería uno de los representantes de los nacionalsocialistas alemanes de Linz. Es casi seguro que las ideas antisemitas, pangermanistas y ultranacionalistas, así como su aversión hacia Austria, tuvieran su origen en Linz, no sólo por la influencia de la Liga y de su profesor de historia, sino porque Linz era una ciudad muy nacionalista, pro-alemana y con una base social de clase media propensa a los fanatismos ultras.

Con estos antecedentes y en medio del clima antes descrito, es fácil que Hitler hiciera suya la idea de que la derrota de 1918 debía ser fruto de la acción maquiavélica de un culpable, enemigo número uno de la superior raza alemana. La mira se dirigía hacia «las huestes judeo-marxistas» como encarnación del mal y responsables absolutas del daño sufrido por Alemania en la Primera Guerra Mundial. A partir de esta idea central, Hitler fue puliendo las aristas del antisemitismo y de la teoría del espacio vital, así como de la superioridad de los arios, pensamientos que desarrollará en su libro *Mein Kampf*.

TODOS CONTRA VERSALLES

El tratado de Versalles y las reparaciones de guerra eran la causa, según la derecha, de todo lo que estaba ocurriento en Alemania. Esta versión de los conservadores era reforzada por los nacionalistas omnipresentes en todo el abanico político: los extranjeros y los propios que habían firmado este tratado eran los traidores que habían llevado al desastre.

Por ello, el periodo que se abre tras Versalles es vivido como una aberración por este vasto sector social, incluyendo al ejército. La traición no sólo se había materializado en Versalles, sino que aquellos que tenían predisposición a la democracia, al sistema parlamentario, a respetar el tratado de paz y a realizar alianzas o acuerdos con las potencias vencedoras también eran considerados como unos traidores. El internacionalismo era visto como la causa de la miseria alemana, y la derrota y el tratado constituían la consecuencia lógica de la criminal revolución de noviembre y de la subversión civil promovida por socialistas, republicanos y demócratas. Éstos, junto a los intereses extranjeros, eran los culpables del vergonzoso y humillante tratado que había llevado a Alemania a su ruina.

Esta versión de los hechos estaba muy generalizada y no era sólo una simple invención de Hitler. Éste sólo fue su más vehemente exponente. Hasta principios de 1919, Hitler, que realizaba tareas administrativas de carácter secundario en la Séptima Compañía del ejército del Primer Batallón de Reserva, llevaba consigo a todas partes el texto del Tratado, cuyo artículo 231 reconocía que Alemania había sido la causante del desastre de la guerra, y se dedicaba a señalar quiénes eran los enemigos de Alemania y a recordar a sus oyentes que los judíos habían sido una especie de quinta columna que había que extirpar. Alemania en general y Baviera en particular viven meses de gran convulsión política, signada por un creciente antisemitismo. A comienzos de 1919 fue sofocado el movimiento espartaquista y asesinados sus dirigentes, Rosa Luxemburgo y Karl Liebknecht, por un grupo de oficiales de derechas.

LUCHAS SOCIALES Y POLÍTICAS

Estos hechos precipitan acontecimientos cercanos a una guerra civil. Las luchas sociales se radicalizaron y las fracciones revolucionarias se precipitaron a ganar terreno en los consejos. El ejército, el nuevo Reischwehr, alineado junto a los grupos de extrema derecha y liderado por su jefe de Estado Mayor, Von Seeckt, era un declarado enemigo del acuerdo firmado en el mes de junio en Versalles. El tratado limitaba el número de los miembros de las fuerzas armadas germanas a 100.000 hombres, circunstancia que las convirtió en un cuerpo elitista y reaccionario, aglutinador de cuadros de la alta burguesía y de la vieja nobleza, a la vez que garante de los intereses más reaccionarios contra la república de Weimar y la democracia. El Parlamento era considerado por esta elite militar como el cáncer de la época. Para la derecha, los uniformados significaban un seguro de estabilidad contra los desórdenes de la izquierda y de los sectores revolucionarios.

En todo este proceso, Hitler se mantuvo aparentemente al margen de los hechos y se comportó como un simple observador. Entre finales de marzo y principios de abril de 1919, la crisis se agudizó aún más. A pesar de los intentos de mantener la calma por parte de los socialdemócratas moderados, liderados por Ebert, reinaba la confusión. Las huelgas y los estallidos sociales se hicieron particularmente fuertes en Munich, proceso que culminó con la proclamación de la República comunista de Baviera. Los socialdemócratas eran los únicos partidarios de la república y de su constitución democrática. En defensa de estos principios, después de sofocados los intentos revolucionarios de abril y mayo, la socialdemocracia se alineó junto al ejército. Creyó que el peligro mayor provenía del lado de la izquierda, sin ver que la alianza con la derecha significaba no sólo el certificado de muerte de la democracia republicana, sino también el de su propia existencia como formación política.

En Munich, los combates para acabar con la hegemonía comunista fueron particularmente sangrientos. Hitler formaba parte del ejército durante estos acontecimientos y fue por su iniciativa que su batallón se negó a ponerse a las órdenes de los consejos obreros bávaros. Con la entrada de las tropas del ejército en Baviera, las matanzas fueron incalculables. El 4 de mayo, una vez abolido el poder comunista, Hitler fue asignado a la comisión encargada de investigar el comportamiento de los miembros de su regimiento. Su misión era descubrir a los oficiales y soldados que habían sido aliados de la izquierda o formaban parte de la fracción bolchevique. Estaba en lo suyo: descubrir a «los traidores a la patria» que formaron parte de la «escoria judía». La meticulosidad con que realizó tal tarea, el orgullo que sentía por descubrir a los culpables, la satisfacción por sentir que estaba sirviendo a la patria, los minuciosos escritos de acusación que elaboró, señalan, para muchos, el comienzo de la carrera política de Hitler.

LA HUMILLACIÓN DE ALEMANIA

Paralelalmente a estos acontecimientos internos, el 7 de mayo, los 27 miembros de las naciones vencedoras entregan en Versalles las condiciones de paz a la delegación alemana. Los representantes germanos intentan conseguir una mayor benevolencia, pero, ante las vacilaciones del ministro de relaciones exteriores de Alemania, conde Brockdorf-Rantzau, los aliados exigen a los vencidos la firma inmediata del Tratado. El día 16 de junio, la Asamblea Nacional alemana, que teme una posible invasión por parte de los vencedores de la guerra, autoriza la firma del Tratado por mayoría de votos. Sólo se oponen a esta decisión el Partido Popular Alemán y el Partido Nacional Alemán, ambos de ultraderecha. Finalmente, el Tratado se firma el día 28 de junio en el Palacio de Versalles.

Por esas fechas, en junio de 1919, Hitler asiste a unos cursos organizados por la Reischwehr bávara destinados a oficiales y soldados. Estos cursos, de inspiración claramente nacionalista, partían de una convicción central: por encima de los partidos políticos, sólo el ejército era capaz de salvar a la patria y reconstruir el Estado alemán. Allí, Hitler tuvo la ocasión de conocer a una serie de oficiales con similares ideas políticas a las suyas y con los que pudo intercambiar opiniones sobre la situación política y económica del país. En esta confrontación, las interpretaciones del desastre alemán giraban alrededor de lo mismo: la república y la constitución liberal de Weimar, la hegemonía del capital financiero y bursátil, manejado internacionalmente por los judíos, y la debilidad de los socialdemócratas, considerados «extranjerizantes», eran los responsables de la catástrofe nacional. En este ámbito, Hitler puntualizó sus ideas políticas y dio muestras de su talento para la retórica, dos eslabones claves que le abrieron las puertas a la política.

PROPAGANDISTA GUERRERO

Desde su participación en la guerra, y por ciertos testimonios recogidos, Hitler mostró, desde muy joven, una tendencia natural hacia las virtudes de la propaganda política. En ésta su predisposición no es otra que en las restantes actividades de su vida y de la concepción que tiene del mundo y de la organización social. Así lo reconoce él mismo en su libro *Mein Kampf*. Su predisposición a analizar los hechos políticos es paralela a su reconcentrado interés en los asuntos relacionados con la propaganda. Descubre en ella el instrumento idóneo para influir de forma decisiva en el seno de las masas y reconoce que, la organización socialista y marxista había dominado por mucho tiempo, con insuperable habilidad, ese instrumento, aprovechando todos sus recursos.

«Pronto comprendí que el empleo correcto de la propaganda constituía un arte corriente, aunque casi desconocido para los partidos burgueses.» La propaganda está indisolublemente unida al problema de la guerra, porque Hitler, más que nadie, se forja a sí mismo en el dudoso arte de la demagogia y en hacer la guerra por medio de la propaganda política.

En la cuestión de si se trata de un medio o un fin, advierte que: «debe adoptar la forma más apropiada para que sea útil al propósito de que se trate. Debe estar adaptada a las necesidades y guardar armonía en su cualidades con aquéllas. Durante la guerra nuestro objetivo era el más noble y estimulante que es posible imaginar. Era la libertad y la independencia de nuestro país, la seguridad y el pan de mañana y el honor de la nación.» Este fin justifica cualquier medio posible para conseguirlo y así será, constantemente, en su trayectoria política. Las relaciones entre la propaganda y la guerra serán un *leitmotiv* constante en su discurso político y realizarlo con convición y habilidad propagandística, una de las claves de la victoria militar.

Por otro lado, ya en su libro asegura que la guerra rápida y contundente, o sea, total, es la más segura y efectiva para conseguir los fines propuestos y, al mismo tiempo, garantizar un costo mínimo en destrucción o muerte. Por lo que llega a la conclusión que su concepción de «exterminio masivo» que aplicará durante todo su mandato, se debe a una cuestión humanitaria. «Por lo que hace a la cuestión humanitaria, Moltke ha dicho que en la guerra, lo indispensable es terminar cuanto antes y que los métodos más severos son precisamente los que más pronto permiten alcanzar aquel fin.» (...) «Las armas más crueles resultan humanitarias si consiguen provocar una rápida victoria y constituyen sin duda alguna el único método que ayuda a la nación a lograr la dignidad de la libertad.»

MANIPULACIÓN DE LAS MASAS

La idea que Hitler tiene de la propaganda está intimamente asociada a su carácter manipulador y a la idea fuertemente jerarquizada que tiene de los individuos y de los protagonistas de la historia. Su xenofobia hacia todo los diverso y diferente al pueblo alemán tiene su contrapartida en un desprecio por los que lo rodean, por el elemento popular, aunque contradictoriamente siempre ensalce a su pueblo en sus discuros, proclamas y escritos. No es más que una paradoja que, como todas, viene a confirmar las verdades últimas, que son, casi siempre, las primeras. Desde que Hitler se inicia en la política, afianza estos conceptos que son totalmente armónicos con sus personalidad. La ideas de superioridad de su raza, de su estripe, de su cultura, de su biología, de su idioma, de su herencia, de su arte, de su historia y todo lo que supone lo propio, está ligada, indisolublemente, a una idea superior de sí mismo. El concepto que tiene del pueblo y de las masas, está asociada a un rebaño al que hay que conducir, influir y manipular.

En esta tarea contará con un indiscutible cuadro técnico-político, que será el artífice de las primeras grandes manifestaciones manipuladas con «tecnología punta». Los nazis son lo precursores de los *mass media*, aplicados a la política, del mundo contemporáneo. Sus fuegos de artificios, sus símbolos, su apelación a los instintos y fantasmas ancestrales, su manejo teórico de las necesidades de descarga, la instrumentalización de la escala de valor-necesitada, como si se tratara de una pirámide precursora de la de Maslow, así parece confirmarlo. Las bases de esta técnica, su estructuración teórica e ideológica, se encuentra ya en los primeros pasos de Adolf Hitler por la política.

«Toda propaganda debe ser popular, adaptando su nivel intelectual a la capacidad respectiva del menos inteligente de los individuos a quienes se desee vaya dirigida. De esta suerte, es menester que la elevación mental sea tanto menor cuanto más grande la muchedumbre que deba conquistar. Si se tratara, como acontece con la propaganda destinada a llevar adelante una guerra, de reunir a toda una nación en torno a determinado círculo de influencia, jamás se podría poner suficiente cuidado en evitar un nivel excesivamente alto de intelectualidad.» (...) «La capacidad receptiva de las multitudes es sumamente limitada y su comprensión escasa; por otra parte tienen ellas una gran facilidad para el olvido. Así las cosas, fuerza será que toda propaganda , para que sea eficaz, se limite a muy pocos puntos, presentándolos en forma de gritos de combate hasta que el último hombre haya interpretado el significado de cada uno. Si se sacrificara este principio al deseo de presentar la propaganda bajo múltiples aspectos, ésta perdería su efecto, ya que la muchedumbre resulta impotente para digerir y asumir el material que se le ofrezca. Además se debilitará y acabará perdiendo su eficacia.» Vale la pena haber reproducido esta proclamación de principios, acerca de la propaganda y las masas, escrita por Hitler durante su reclusión en 1924.

PRIMEROS PASOS EN POLÍTICA

Durante los acontecimientos de 1919 en Munich, cuando le toca investigar el comportamiento político-ideológico de sus camaradas, es cuando descubre su nueva pasión por la política activa. Según él mismo reconoce en su libro, esta investigación sobre el regimiento nº 22 de infantería y su participación en los hechos revolucionarios de Baviera, fue su primera incursión en el campo de la política más o menos pura. Pero también, como dice, su participación en los cursos destinados a los miembros de las fuerzas armadas en la reserva y el conocimiento que tuvo de los oficiales afines ideológicamente reafirmaron su convicciones y su vocación. Para todos ellos Alemania había sido traicionada, y ni los centristas, los socialdemócratas ni los nacionalistas burgueses, –según Hitler–, serían capaces de reparar el daño. Había que crear algo nuevo, algo que despertara el entusiasmo y que el pueblo alemán sintiese como suyo. Debía darse lugar a la formación de un nuevo partido, capaz de canalizar las espectativas, los sentimientos, las necesidades del pueblo alemán y sacar a la patria de su hundimiento.

Este es el espíritu que anima a estos camaradas, entre los que Hitler comenzó a destacar. Sus ideas fueron contundentes y aparentemente sólidas: el movimiento que se creara, tendría que calar hondo en las masas, penetrar su espíritu y debía, ante todo, tener un carácter social y revolucionario. Lo primero porque debía responder a los intereses populares y a las necesidades sociales; lo segundo porque un movimiento así, defensor de la patria y nacionalista, era verdaderamente rupturista con todo lo existente.

Así las cosas, y haciendo un popurrí de todas sus lecturas y de su autodidactismo, Hitler planteaba en relación al Capital, al igual que los marxistas, que tanto odiaba, que era producto del trabajo y que justamente era al trabajador al que había que ganar y privilegiar. El trabajo como Capital y éste, integrando la nación o Estado libre e independiente; una mezcla de socialcristianismo y marxismo concluyen en algunas fórmulas que a Hitler le sirven para ganar adeptos dentro de ciertos sectores del ejército. El capital como servidor del Estado y no como dominante de la nación era una idea muy defendida por los sectores populistas del ejército, contrarios al capital especulativo. Estas ideas las recoge de un profesor de estos cursos llamado Feder. Había que combatir la internacionalización capitalista que hundía a Alemania, realzando el principio de la existencia nacional independiente.

En una síntesis de todos estos concpetos, Hitler enfatiza que: «Los propósitos por los cuales debemos combatir se basan en la segura existencia y el progreso de nuestra raza y nación, en el pan de sus hijos y la pureza de su sangre, en la libertad e independencia de la patria, procurando que ésta se halle en condiciones de cumplir la misión que le fuera señalada por el Creador del Universo» (...) «Los camaradas que compartían mis ideas me ayudaron más tarde a difundir los principios del nuevo movimiento» (...) «La acción de Feder me proporcionó un espléndido grito de guerra para la contienda próxima.» No todo estaba tan claro como aparece en sus escritos, ni él era tan reconocido como su soberbia lo propone: esas ideas circulaban a la misma velocidad que los altibajos de la crisis y sus interpretaciones carencían de tanta veracidad como su juicio al afirmar que Marx representa como judío la dominación del verdadero capital internacional de los financieros y la Bolsa de Comercio.

HITLER Y EL PARTIDO NAZI

AFILIADO POR CASUALIDAD

En enero de 1919, un ferroviario llamado Anton Drexler funda el Partido Obrero Alemán, el DAP *(Deutsche Arbeiterpartei)*. En septiembre del mismo año Hitler, por orden de la Comandancia nº 4, asiste a una reunión de este partido y pocos días después, por decisión propia, se afilia al mismo. Más tarde, en su libro, lo contaría así: «Cierta vez recibí orden de mis jefes a fin de que me preparase para dejar establecido qué propósitos perseguía una sociedad en apariencia política que, bajo el nombre de Partido Obrero Alemán, habría de realizar una asamblea pocos días después; Feder hablaría durante aquel acto. Mi deber consistía en concurrir a la reunión, echar una ojeada y presentar un informe.» Después del discurso de Feder, Hitler se sintió satisfecho, pero al anunciarse el discurso de un nuevo orador, y escuchar lo que decía, sobre la unidad alemana y otras cosas con las que no estaba de acuerdo, pidió la palabra: «...hícelo, y con tanta fortuna, que antes de concluir mi intrvención el presidente había huido del edificio como un perro de lanas empapado...» (...) «...¡Cuál no sería mi sorpresa cuando, no transcurrida todavía una semana, llegó a mis manos una tarjeta postal en la que se me anunciaba haber sido admitido como afiliado al Partido Obrero Alemán!»

Este hecho, según su relato, le resultó un poco raro. Además él quería crear su propio partido. Pero movido por la curiosidad asiste a una reunión para poder dar sus puntos de vista. En ella formula múltiples preguntas y constata que, el mencionado partido carecía de programa, prospectos, impresos y hasta de un mísero sello de goma; «...pero sobraban, evidentemente la fe y las buenas intenciones.» No era una organización, propiamente dicha, era un pequeño núcleo de hombres «conscientes de salvar a Alemania». A Hitler, que quería dominarlo todo desde los comienzos, le venía muy bien, que éstas fueran las características del partido. «Había una misión que cumplir y cuanto más pequeño fuese el movimiento, tanto más fácil sería imprimirle la forma adecuada. Todavía era posible determinar el carácter, los propósitos y los métodos de esta sociedad, cosa imposible en el caso de los grandes partidos existentes.»

Estaba convencido de que el movimiento que propugnara la resurrección nacional de Alemania debía surgir de un grupo pequeño de patriotas iluminados como él, y sobre todo, de una organización extraparlamentaria. Concebía la acción política no como una propuesta electoral sino como una nueva teoría sobre el mundo. «Al cabo de dos días de angustiosas reflexiones y dudas, me determiné, por fin, a dar el paso. Fue aquel el momento culminante de mi vida. Y así fue como me afilié al Partido Alemán, obteniendo una tarjeta provisional de adherente que llevaba el número siete.»

DE AFILIADO A IDEÓLOGO

Su actividad política se inicia así de una manera un poco casual y espontánea, aunque ya estaba preparado para ello. Hitler se había formado, como su padre, de una manera un tanto autodidacta, pero cuando ingresa en el DAP ya era un cuadro político, lo que queda demostrado cuando en el mes de noviembre ya se ve convertido en Jefe de Propaganda

Por supuesto, desde el primer momento de su afiliación al partido, Hitler destaca como orador. Impulsa la creación de la primera oficina del partido en Munich e interviene activamente en la elaboración del programa, que se promulga el 24 de enero de 1920 en la ciudad de Munich. Unos días más tarde se publican los 25 puntos del programa del partido, entre los que destacan: el bienestar del pueblo como bien común y colectivo antes que individual; la anulación del Tratado de Paz de Versalles y el derecho de cada alemán a elegir su nacionalidad. Cabe destacar que ya se incorpora la exclusión de los judíos de la comunidad alemana. Poco tiempo después, el DAP se convertiría en el NSDAP (Partido Obrero Nacionalsocialista Alemán), el partido nazi, para ser exactos.

El objetivo central del partido era conquistar a las masas para el movimiento nacional. La cuestión consistía en recobrar al obrero alemán para la nación alemana y la verdadera independencia nacional. Adolf Hitler sabía que, para lograrlo, no podía convencer de una manera didáctica, sino apelando al fanatismo. «La muchedumbre popular no está compuesta de profesores o diplomáticos. El hombre que desee granjearse sus simpatías debe conocer la llave que le abrirá la puerta de su corazón. Esto no es objetividad, vale decir, debilidad, sino resolución y energía.»

El éxito dependía de dos cosas: conquistar el alma popular y dar la batalla política –que para Hitler siempre tuvo entre sus características la violencia– con el fin de destruir a los opositores. Porque, según él, «las multitudes quieren contemplar la victoria del más fuerte y la destrucción del más débil.» La lucha ideológica la libra en el mismo terreno de la lucha de clases en el que lo hace el socialismo, pero oponiéndose a él considerándolo como enemigo fundamental, pues al fin y al cabo es al mismo sector social al que dirige su discurso y su acción, a fin de incorporarlo en la causa nacionalsocialista. Desde el campo ideológico que hace referencia al proletariado, a los trabajadores, Hitler apela a lo nacional para exigir que sea restituído a su propio pueblo, rescatándolo de la locura del internacionalismo, pero también fortaleciéndolo frente a la burguesía, a la que, cuando sirve a sus fines, también ataca. «Nuestro propósito no es, en realidad, –diría en sus escritos– el de provocar un cataclismo en el campo nacional, sino el de conquistar para nuestra causa el campo antinacional. Este propósito es absolutamente indispensable para la dirección táctica de todo el movimiento.» Para el futuro dictador de Alemania y aniquilador de Europa, ganar para la causa no es más que conquistar el poder político, cuya base social son las más amplias capas populares.

EL AUGE NACIONALISTA

El partido se desarrolla en medio de una profunda crisis política, económica y social. La nueva república de Weimar estaba acosada por muchos frentes. El Ejército, los grupos de extrema derecha –como los nazis– y de la derecha conservadora representada por el Partido Nacional Alemán y los sectores de la gran industria, veían con muy malos ojos las reformas realizadas por las fracciones democráticas.

La izquierda, por su parte con su táctica insurreccional, contribuye a agudizar el clima desestabilizador que dura hasta el año 1923. Entre los consejos obreros revolucionarios y los asesinatos políticos de la derecha se mueve la socialdemocracia, intentando articular alianzas que representen al centro político de la sociedad alemana.

En medio de esta situación, en abril, se produce el *putsch* –golpe de estado– derechista de Kapp-Luttwitz, que es derrotado gracias a una huelga general promovida por los socialdemócratas y sus aliados en los sindicatos, que en ese momento alcanzan el máximo de poder. Hitler marcha a Berlín con su amigo y colaborador Dietrich Eckart para establecer contacto con los insurrectos y estrechar lazos de colaboración con el *putsch*. El ejército permanece inicialmente al margen de los hechos, pero cuando éstos se traducen en huelgas de carácter insurrecional en la cuenca del Rhur y en Sajonia, reprime el movimiento obrero con el consentimiento del gobierno. Cuando en este año la coalición socialdemócrata pierde votos, éstos se alían con el Centro católico y los pocos derechistas liberales que aún apoyan a la República.

ORATORIA Y ORGANIZACIÓN

Por estas fechas Hitler recibió licencia del regimiento al que pertenecía y se volcó de lleno a la militancia en el NSDAP. En el mes de agosto de 1920 participó en el Congreso interestatal de los nacionalsocialistas celebrado en Salzburgo, donde una vez más demostró sus dotes de gran orador, aptitud que volvió a corroborar en las asambleas austriacas realizadas en octubre de ese mismo año. Mes tras mes, Hitler iba ganando posiciones y prestigio personal y político dentro del partido, gracias a sus actividades en el terreno de la propaganda y de la organización. En efecto, Hitler sumaba a su retórica un minucioso trabajo propagandístico de difusión de sus ideas. Para ello, a fines de 1920 compra el periódico *Völkischer Beobachter*, que será a partir de aquel momento el órgano por excelencia de la propaganda nazi.

Para entender este prestigio de Hitler dentro del partido nazi hay que recordar primero que su etapa política decisiva comienza cuando entra en contacto con el DAP como hombre de confianza enviado por el Reichswehr y que este partido tenía antecedentes ideológicos que enlazan estrechamente con las ideas extremistas de Hitler. Uno de los núcleos más importantes de esta formación ultraderechista fue la Sociedad de Thule, organización inspirada por la Orden Teutónica, fundada en 1918 por el barón Rudolf von Sebottendorf, que profesaba una serie de ritos presididos por Wotan, el dios de la guerra ario. A esta simbología germana se le sumaba una declaración de guerra total contra el pueblo judío como enemigo principal de los germanos.

EL CONTROL DEL PARTIDO

Estas teorías sirvieron de fundamento al movimiento nacionalista, tendencia que culmina, con Hitler como ideólogo principal, con la conformación del partido en 1919. «El joven movimiento es en esencia y organización antiparlamentario, vale decir, rechaza, tanto en su principio como en su composición, cualquier teoría basada en el sufragio de las mayorías que implique el hecho de que el jefe se vea rebajado al no tener otra misión que la de poner en práctica las órdenes y opiniones ajenas. El movimiento sustenta, así en las cuestiones pequeñas como en las grandes, el principio de la autoridad incuestionable del jefe, combinada con la más absoluta responsabilidad. Uno de los deberes principales del movimiento consiste en lograr que este principio rija, no sólo en lo que respecta a sus propias filas, sino también, y en forma decisiva, para toda la nación.» Lógicamente su objetivo personal coincide con sus objetivos políticos: Hitler quiere ser el Gran Jefe.

Para conseguir mayor poder en el NSDAP, Hitler opta por el *putschismo* interno. En julio de 1921 realiza una maniobra de retirada del partido y renuncia a sus cargos, ejerciendo presión sobre la dirección. Para ello se basa en varios de sus colaboradores más inmediatos. Después de un ultimátum bastante efectivo y apoyado por las bases, logra el reingreso, tras lo cual es elegido primer presidente por aclamación en una asamblea extraordinaria. Ya tiene poderes casi totales y, de hecho, dictatoriales. A partir de este momento, la historia del partido será paralela a su propia historia política, y el dominio demagógico sobre el partido no cesará de avanzar hasta hacerse casi absoluto y definitivo.

Hará realidad poco a poco su doctrina de la personalidad del Líder. «El movimiento deberá hacer uso de todos los medios a su alcance para inculcar el respeto hacia la personalidad; habrá de tener en cuenta que todos los valores humanos residen en la personalidad de quien conduce el destino del pueblo, que toda idea, toda proeza, es el resultado de la labor creadora de un hombre, y que la admiración por la grandeza no constituye un simple tributo de gratitud hacia ella, sino también un lazo que vincula a todos los que así demuestran su reconocimiento. No existe sustituto para la personalidad.» Junto a esta teoría que incluye al Jefe Supremo y a sus cuadros colaboradores, asegurará que el éxito de la misma depende de que «Una teoría del mundo jamás llevará sus ideas a la victoria a menos que no aliste en sus filas a los elementos más audaces y vigorosos de la época y del país, para formar con ellos una poderosa organización de combate.»

Así, se va consolidando el poder personal y la ideología política que lo sustenta, tanto en el interior del partido como en la sociedad alemana. En su transcurso, el fantasma de la inflación y de la crisis recorre Alemania hasta el año 1923 como consecuencia de la inestabilidad del marco, las reparaciones de guerra y la política financiera de los grandes capitales internacionales.

AGITADOR Y DEMAGOGO

En 1922 Hitler suma a las actividades de propaganda la agitación propiamente dicha. A principios de este año había sido condenado a prisión por alteración del orden público a raíz de un acto de provocación cometido al interrumpir una asamblea de la Liga Bávara. En marzo,

Adolf Hitler en 1923, un año cargado de luchas sociales y de enfrentamientos políticos en Alemania, en el que en muchas ocasiones parecerá inminente la llegada de la guerra civil (Foto: Friedrich Rauch / Camera Press / Zardoya)

después de nuevos incidentes y por el tono que va adquiriendo el periódico del partido nazi, el gobierno de Baviera discute la expulsión de Hitler, aunque ésta no se concreta. Sin embargo, entre los meses de junio y de julio de ese mismo año, se lo recluye en la prisión de Stadelheim, en Munich. En octubre, inmediatamente después de salir en libertad, Hitler asiste a la celebración del Día Alemán, organizado en Coburgo, y participa en los disturbios y en los enfrentamientos callejeros con los sectores de izquierda y liberales.

En estas fechas, el NSDAP había crecido de un modo bastanta considerable. El Sindicato Obrero Nacionalista, liderado por Streicher, se había incorporado recientemente a sus filas, a las que aportó toda su infraestructura y, naturalmente, su periódico obrero. Por aquellos días el partido nazi ya había conseguido organizar en Munich una gran cantidad de mítines y actos públicos en los que la asistencia era masiva. En ellos se reflejaba ya claramente la mano y el estilo del nacionalsocialismo, de su líder y futuro Führer, y de lo que sería desde aquel momento y en adelante el empleo de toda clase de medios espectaculares imbuidos de una singular simbología. Como él mismo escribirá unos meses después en la cárcel:

> «Las asambleas de grandes muchedumbres son necesarias, pues cuando a ellas asiste el individuo acometido del deseo de alistarse en un flamante movimiento y temeroso de encontrarse sólo, recibe allí la primera impresión de una numerosa comunidad, lo cual ejerce un efecto vigorizador y estimulante en la mayoría de las personas. Estas se someten a la mágica influencia de lo que llamamos sugestión de la multitud. Los deseos, los anhelos y la pujanza de miles de seres se acumulan en el pensamiento de cada uno de los presentes. Un hombre que concurre a una de estas asambleas lleno de dudas y vacilaciones, sale de ellas íntimamente fortalecido; se ha convertido en un miembro de la comunidad. Jamás debe ignorar esto el movimiento nacionalsocialista.»

IZQUIERDAS Y DERECHAS

En enero del año 1923 se celebra el aniversario de la fundación del Partido Nacionalsocialista y los actos se suceden en todo el territorio alemán. Será un año cargado de luchas sociales y de enfrentamientos políticos, en el que muchas veces parecerá inminente la guerra civil. Por la izquierda, enfrentados al Reichwehr y a la socialdemocracia, los comunistas se sublevarían en Sajonia, Hamburgo y Turingia, en alzamientos que son reprimidos por la policía, el Ejército, ciertos sectores de la armada e incluso por miembros del Partido Sociademócrata. Por la derecha, se inicia la resistencia pasiva en la cuenca del Ruhr contra los franceses, que habían iniciado en alianza con los belgas una ocupación militar como garantía del pago, por parte de Alemania, de las reparaciones de guerra. Unos días antes del final de esta «resistencia pasiva», coincidiendo con la celebración del Día Alemán, en Nüremberg se funda la «Liga Alemana de Asociaciones de Combate», a la que se suman el partido nazi y otras organizaciones de la extrema derecha. Adolf Hitler es proclamado jefe político de la coalición. A fines del mes de septiembre, coincidiendo con estos hechos, tiene lugar otro intento de golpe de estado en Berlín, parecido al *putsch* de Kapp. Esta vez el ruido de sables es liderado por un ex-mayor del ejército llamado Buchrucke. Seeckt, el jefe de la Reichwehr, se ve obligado a reprimirlo por razones políticas, pero lo hace sin mucha convicción y con una mano sospechosamente blanda.

Sin embargo en Baviera las cosas eran diferentes. El partido nazi estaba muy implantado en esta región y el gobierno que regía sus destinos era claramente de derechas. La prédica nacionalista tenía allí mayor peso y una mas amplia base social. La opinión pública bávara era claramente contraria al Tratado de Paz y los partidos conservadores gozaban de prestigio y de apoyo político. Baviera se convirtió así en una especie de bastión de la oposición de extrema derecha a la democracia republicana. El racismo violento del que ya daba claras muestras el partido nazi era compartido y ensalzado allí por algunos otros grupos ultraderechistas y por un grupo de jóvenes oficiales del ejército que exhibían sin ningún pudor sus soflamas por las calles e intervenían en todo tipo de lugares públicos imponiendo su actitud y sus criterios. Los intentos revolucionarios comunistas producidos en Sajonia y Turingia habían reforzado, como contrapartida, el nacionalismo extremista.

LOS ENFRENTAMIENTOS POLÍTICOS

En ese contexto, el *Völkische Beobachter*, la publicación del partido nazi de Munich, atacó duramente al jefe de la Reischwehr, Seeckt, acusándolo de ser un instrumento de los judíos por tolerar que el gobierno, en prevención de desórdenes graves, declarara el estado de emergencia y le concediese plenos poderes a Gustav von Kahr, comisario general del Estado para Baviera. Éste recibió órdenes de Berlín de clausurar el periódico nazi pero el comandante en jefe de la Reischwehr en dicho Estado se negó a hacerlo. Tanto Kahr como Lossow profesaban una ideología de derechas y eran partidarios del enfrentamiento con la República y de la instauración de una dictadura militar que acabara con la socialdemocracia y con los izquierdistas. También sabían que no podían enfrentarse abiertamente a Seeckt, porque conocían sus posiciones políticas, también de derechas, pero su tranquilidad estaba asegurada, puesto que sus limitaciones por ser jefe del Estado Mayor y hallarse mucho más maniatado en Berlín, le impedían moverse con libertad.

Pero Hitler, cuyas ambiciones políticas iban mucho más lejos que las pudiera haber tenido un simple agitador, protagoniza un golpe de efecto: interrumpe junto a sus seguidores un discurso de Von Kahr en noviembre de ese año, y con un arma en la mano, proclama públicamente el inicio de la revolución nacional. Se forma un gobierno en el que Hitler era el líder político. Lo arropaban Ludendorff, Lossow y Kahr. Sin embargo, estos dos últimos dudan de su eficacia y finalmente deciden denunciar el *puscht* a las autoridades militares. Al día siguiente el golpe terminaba siendo reprimido por el ejército y la policía. Se prohibieron las actividades nacionalsocialistas y el periódico nazi fue clausurado. El fracaso de Hitler será para los sectores republicanos la solución momentánea del problema de Baviera. Pero Hitler sacará una conclusión de la experiencia protagonizada: toma la decisión de no enfrentarse nunca más abiertamente contra el poder establecido; por el contrario, actuará entre bastidores y utilizará la intriga y la amenaza velada para conseguir sus objetivos, y puede decirse que se convirtió en un experto en tales actividades. Después de huir de Munich, Hitler es hecho prisionero en Staffelsee. Procesado a principios del año 1924, Adolf Hitler es condenado a 5 años de prisión militar en Landsberg, acusado de alta traición.

HITLER EN PRISIÓN

En la cárcel escribe la primera parte de su libro *Mein Kampf*. En él establece las bases de su doctrina y hace un recuento de su vida, como si fuera la de un destino iluminado por la gracia divina. Sus concepciones sobre la organización, el partido, la guerra, la propaganda, las masas, la raza, la nación, el estado y los métodos de lucha, ya están expuestos, con bastante claridad, en esta primera parte, y serán desarrollados en la segunda. No hay dudas sobre su concepción del mundo, sus teorías y el régimen que deseaba para Alemania. No había más que leer esta obra para conocer de cerca las intenciones de Hitler y de sus seguidores. Los veinticinco puntos, a los que ya nos hemos referido, son una síntesis pormenorizada de lo que vendrá. Parece ser que en esos tiempos había pocos lectores políticos en Alemania. Lo cierto es que Hitler desarrolló sus ideas desde el primer momento y con total impunidad, a pesar de los forcejeos de algunos opositores. La ambigüedad que sustentan muchos no nazis condescendientes con Hitler, se parece a esa otra ambigüedad que caracterizó a los líderes de las potencias occidentales, cuando el Fhürer comenzó a avanzar con sus doctrinas y sus armas por Europa.

A fines de 1924, cuando tan sólo había cumplido 8 meses de la condena, consigue la libertad y, en los primeros días de 1925, es recibido por el Primer Ministro de Baviera. A lo largo de todo ese año, el partido nazi y su periódico habían pasado a la clandestinidad, aunque más formal que realmente, porque la policía, cuyos mandos eran de derechas, hacía la vista gorda ante su incesante accionar. Los nazis seguían con su labor de organización y de agitación permanente. día El 26 de febrero de ese mismo año, tras la incorporación de nuevos grupos y algunos círculos ultraderechistas y antisemitas, se refunda el NSDAP y se reanuda la publicación del periódico del partido.

UN APÁTRIDA ULTRANACIONALISTA

Desde 1924 a 1929 los nazis no crecieron demasiado desde un punto de vista parlamentario. No ganaron votos en las elecciones estatales, aunque sí afianzaron su poder en los municipios. Aunque a lo largo de 1925 se prohíben los actos públicos organizados por Hitler en numerosas ciudades alemanas, es en este año cuando se crea y organiza el partido nazi en el norte de Alemania. Ludendorf, que es candidato a la presidencia por el NSDAP, logra sólo el 16 % de los votos. Los nazis logran implantarse entre los campesinos y obtienen un gran respaldo rural, sobre todo en las zonas en que predominaban los pequeños propietarios y granjeros. Hitler expresaba demagógicamente su oposición al capital bancario y financiero que, según decía, estaba en manos del judaísmo internacional. En sus programas electorales, los nazis prometían facilidades de crédito, tipos de intereses más bajos, menos impuestos y aranceles más altos para los productos de importación, e insistían en que, bajo su régimen, la producción agraria sería un sector privilegiado.

Sin embargo Hitler no podía presentarse a ninguna elección, pues continuaba conservando su ciudadanía austríaca. Para resolver esta traba burocrática, en abril de 1925 presenta una solicitud en el municipio de Linz para renunciar a dicha ciudadanía. El gobierno de la Alta Austria le acepta la renuncia, por lo cual Hitler se convierte en apátrida, situación que se mantendrá hasta el 25 de febrero de 1932. Paradójicamente, el apátrida Hitler es el jefe político del nacionalismo alemán.

FRACASOS QUE SON ÉXITOS

El partido nazi ofrecía vigor, acción y violencia para lograr sus propósitos. Sus campañas políticas siempre estaban acompañadas de esta imagen y, por ello, desde sus inicios, había contado en su seno con organizaciones paramilitares paralelas. La primera organización de este tipo y la más contundente fueron las SA *(Secciones de Autodefensa)*; luego les seguirían las SS, cuerpo de élite fundado en 1925, y las Juventudes Hitlerianas, surgidas en 1926. La máquina violenta se estaba poniendo en marcha. En esos años aparecen el primer y segundo tomo de *Mein Kampf*. El mariscal de campo Hindenburg, presidente de la República, cambia diversos gabinetes y con su imagen patriarcal parece asegurar cierta estabilidad política.

Sin embargo, esta estabilidad se rompe en 1929. En primer lugar, la oposición nacionalista consigue someter a un plebiscito el *Plan Young*, que exigía pagos por reparaciones de guerra que subordinaban la normalización de Alemania a los intereses de los países aliados. Hitler había difundido el argumento de que el plan impuesto por las potencias extranjeras representaría un nuevo desastre para la nación, acaso peor que los resultados obtenidos en el campo de batalla. El Partido Nacionalista Popular Alemán aprovechó la ofensiva de Hitler para recuperar espacio político. Este era un partido conservador de derechas, pero sin gran apoyo de masas. Aunque aparentemente partidario de la democracia, se mostraba bastante reticente al régimen republicano, ya que en las elecciones de 1928 había perdido votantes. En este año, Hugenberg, un representante de la alta burguesía con gran capacidad financiera, fue nombrado presidente del partido. El *Plan Young* y el referéndum propuesto por los nazis fue la excusa para aliarse con Hitler, ya que uno y otro se necesitaban mutuamente.

A Hitler le hacía falta dinero y Hugenberg necesitaba un agitador con carisma suficiente. Uno y otro complementaban las necesidades del nacionalismo alemán, y entre ambos elaboraron una «ley contra la esclavización del pueblo alemán» que fue sometida a plebiscito. Esta ley negaba la culpabilidad de Alemania en la guerra y reivindicaba el cese de las reparaciones. Pero el referéndum fracasó. Muchos conservadores no veían con buenos ojos las alianzas con los nazis. A pesar del fracaso de la campaña contra el Plan Young, Hitler resultó ser un auténtico vencedor. Fue reconocido en toda Alemania como dirigente político nacional, como jefe de una fracción importante del nacionalismo, como salvador de la patria y además como un político capaz de tejer alianzas con sectores muy fuertes del poder. Su imagen política se consolidó y adquirió prestigio como hombre de Estado. No es casual, entonces, que, a partir de este momento, el partido nazi, liderado por Hitler, comenzara a ganar votos en las elecciones nacionales.

EL ASCENSO AL PODER

POSTURAS ANTISEMITAS

De todas las ideas de Hitler y del nacionalsocialismo, destacan, como ya se ha señalado anteriormente, el pangermanismo, el expansionismo, el antiparlamentarismo y, sobre todo, el antisemistismo. La doctrina racista y antisemita es el núcleo motriz de las ideas de Hitler y sus fundamentos se hallan en su *Mein Kampf*. Como los argumentos que en este libro se exponen no tienen ninguna coherencia ideológica ni solidez teórica, su base doctrinal refleja una gran heterogeneidad y una interpretación arbitraria de las teorías que manipula y de los hechos históricos que analiza, tanto en esta obra como en los discursos y programas del partido nazi.

La ideología nazi es un compendio de las teorías racistas de Gobineau y Chamberlain: el concepto de que la fuerza es lo que gobierna el orden del mundo está basado en La voluntad del poder, de Nietzsche; la idea de que la guerra es central en la historia de los pueblos tiene sus antecedentes en Clausewitz; la predestinación a la grandeza del pueblo alemán en la Fe en el destino, de Wagner; la legitimación por la herencia y la pureza de raza, en las teorías biológicas derivadas de las leyes de la herencia de Mendel; el neodarwinismo social y racial, en Ploetz y en la selección natural de las especies de Darwin; el espacio vital, en Malthus; las relaciones geopolíticas, en Haushofer; la fuerza dictatorial y el principio individual de autoridad en Maquiavelo..., todo combinado como si se trataran de las bases científicas destinadas a avalar la construcción de un Estado omnipotente, que, a su vez, es perfilado como un verdadero organismo biológico.

Siguiendo el hilo de estas fundamentaciones pseudocientíficas, tanto las líneas de interpretación de la realidad como sus conceptos desembocan en el antisemitismo. Es por ello que la política racial del Tercer Reich y de su expansionismo por medio de la guerra tendrá un carácter crucial para Hitler. La historia, que éste interpreta a su antojo, es una historia de la lucha de razas, en la cual unas son superiores y otras inferiores. Como es de esperar, las primeras son las que vencen y someten a las otras por medio de la fuerza y la violencia. Dentro de esta concepción racista, los judíos son definidos como una raza en lugar de una comunidad religiosa y cultural. Además, como han sabido conservar su idiosincracia con más fuerza que los propios pueblos que los albergaron, deben ser expulsados de todas partes, especialmente de Alemania, porque, según el nazismo, son inferiores a los arios y porque siempre han sido judíos alemanes antes que alemanes judíos. De los alemanes han tomado sólo el idioma, hecho que demuestra que deben ser tratados como judíos y no como alemanes; o sea se les debe negar la ciudadanía alemana.

UN BIOLOGISMO PELIGROSO

Para Hitler, la naturaleza inferior de los judíos se pone de manifiesto tanto en su naturaleza física como espiritual. Los sentimientos judíos y su actividad fundamental se basan en la ambición materialista y económica. Para el nazismo, el materialismo está simbolizado por los bolcheviques y su régimen comunista; o por el capital bursátil y financiero. Ambos fenómenos son también una prueba de la hegemonía judía en el mundo. En cualquiera de sus dos versiones, los judíos degradan al pueblo alemán y a la espiritualidad de la raza aria. La fuerza moral de esta raza se ve amenazada por la ambición de los bienes materiales y el afán por el dinero. Esta no es más que una enfermedad provocada por el virus judío.

Dado que para Hitler y sus seguidores el orden social tiene un referente biológico, también lo tiene quien ataca ese orden. Los judíos son para él como los virus y las bacterias, pues viven como un parásito en el cuerpo de los que trabajan provocando el agotamiento y la contaminación del pueblo que los acoge. Los judíos son para los nacionalsocialistas una raza maldita, que vive de quienes los acogen, contagiando su enfermedad y propagando sus ideas y sus costumbres, que terminan carcomiendo y desgastando al pueblo o raza sobre el cual siempre terminan por imponer su dominio.

EL FALSO ANTICAPITALISMO

La vida económica parasitaria y su expansión es para el nazismo una forma de dominio que tiende a la hegemonía mundial. El materialismo judío amenaza el cuerpo social y político, porque en su esencia es individualista y antisocial. Devoran las economías de los países, porque a través de la dictadura del dinero fijan los precios y controlan la economía, imponiendo la especulación sobre la producción y los intereses materialistas sobre los espirituales. Según Hitler y los nacionalsocialistas, los judíos no tienen límites ni escrúpulos para conseguir dinero, dominar económicamente y destruir la solidez interior de los pueblos superiores a través de la dictadura de la «bolsa universal», cuyos dueños son Judá y los suyos. La raza judía se covierte así en una verdadera amenaza para los germanos y nórdicos, que corren el riesgo de ser destruidos lentamente por ellos. Todo aquello que es anhelo de perfección o superación del hombre, como las ideas religiosas y políticas, son utilizadas por los judíos para satisfacer su afán de poder.

De estas aberrantes premisas a la persecución irracional de los judíos por parte de los nazis, como trágicamente se ha demostrado, hay un pequeño paso. Ese paso lo darán muy pronto los seguidores de Hitler y tendrá un carácter violento y se convertirá en una estrategia basada en el terror y el miedo. Sin embargo, Hitler presenta sus ideas como si fuesen producto de un pensamiento científico y se esforzará por darles el máximo aspecto de racionalidad. Por ello, sus pasos son medidos, sistemáticos y organizados como si se tratara de una obra de arquitectura. Siempre verá el problema judío con distancia, aparentemente sin apasionamiento, y realzando su estrategia de lucha contra los judíos como una necesidad histórica. Por eso, al proclamar sin tapujos su antisemitismo, no se consideró nunca a sí mismo un exterminador de un pueblo, sino un ejecutor de inspiración divina, un salvador de la humanidad que llevaba a cabo la obra del Creador. Antes de adoptar las terribles medidas de exterminio masivo contra la población judía, Hitler pretexta combatir los derechos que los judíos poseen, a pesar de ser éstos absolutamente legales, señalándolos como extranjeros y reivindicando su expulsión del suelo alemán.

EL MITO DE LA SUPERIORIDAD ARIA

Para que la raza aria domine a las razas inferiores, el pueblo alemán debe ser fuerte y soberano y, sobre todo, anteponer los intereses nacionales por encima de lo individual. La fe en el pueblo y su Führer es glorificada como la idea motriz que debe guiar al espíritu de lucha y los objetivos del nacionalsocialismo. Es por ello que el partido nazi se convierte en el centro de confluencia de todos los descontentos de la democracia parlamentaria y, sobre todo, de los que estaban en contra de los tratados de paz. Hitler despreciaba tanto el Tratado de Paz de Versalles como otros que habían sido un éxito de la política exterior de la socialdemocracia, como, por ejemplo, los tratados de Rapallo y Locarno. Para él, los socialdemócratas también eran judíos, porque adoptaban una política contraria a los intereses del pueblo alemán, sometiéndose a las potencias vencedoras extranjeras, todas ellas en manos de los capitales judíos.

La principal enemiga es Francia. Ella simboliza para Hitler la deshonra de la raza blanca. En su libro llega a acusarla de poner en peligro a la raza superior a través de su contaminación con sangre negra y judía. Para él, Francia es uno de los países más influenciados por los judíos, hasta el punto de cometer en su política interior y exterior un pecado contra la humanidad. Por ello, Alemania debe estar contra Francia, pues constituye un peligro constante para su soberanía, tanto por sus ansias de hegemonía como por su ambición ilimitada. Ya en *Mein Kampf*, Hitler estaba convencido de que para salvar al pueblo alemán era necesario neutralizar o eliminar a Francia. Pero, en lugar de presentar esta estrategia como la garantía del expansionismo alemán, la presenta, al igual que casi todos sus argumentos políticos, como una justificación defensiva de la unidad del pueblo alemán y de su soberanía.

Todos los elementos que pueden actuar como causas combinadas del antisemitismo de Hitler y de su partido conducen a una política que dejó la huella de la eliminación física no sólo de un pueblo sino como instrumento de acción de un partido o de un sistema. En efecto, la estrategia del terror fue avanzando paso a paso y creciendo en sus niveles de violencia, primero del partido nazi contra sus adversarios políticos; luego, internamente, en la eliminación de los adversarios de Hitler, más adelante, en la persecución de toda oposición y en la expansión belicista. El corolario no podía ser otro que una política de exterminio generalizado.

PERSONALIDAD, CARÁCTER Y AMBICIONES

Hitler siempre se interesó en la mitología de los pueblos indoeuropeos y sus variantes religiosas. El conocimiento de la historia de los griegos, persas, indios, romanos y celtas influyó en sus conviciones. En todos estos pueblos creyó ver una gran preponderancia de la fuerza, el valor, la lealtad y, en algunos casos, también de la violencia. La interpretación que realiza Hitler sobre esto lo conduce a sostener y a intuir que la sangre de estos pueblos no está teñida de impurezas. Por el contrario, para su antojadiza perspectiva, el verdadero pecado radica en la benevolencia, el perdón, la piedad y todo lo que ha caracterizado desde siempre a la tradición judeocristiana. En este sentido, Hitler no profesa una moral cristiana que lo aleje de los límites más extremos de su ideología, sino que por el contrario, en su mundo ideal, la moral y el bien corren paralelos a la capacidad de lucha, a la voluntad de poder y de sometimiento de los adversarios por medio de la fuerza.

Esta moral conjuga de una manera particular con su carácter y personalidad y justifica plenamente su ambición de poder. Su Dios, como no podía ser de otra manera, era ante todo una fuerza suprema y sus relaciones con la iglesia bastante contradictorias. Sostenía una visión heroica del espíritu griego clásico, que a diferencia de la religiosidad occidental, valoraba lo bello y el sentido estético por sobre todas las cosas. En realidad, Hitler, al igual que en la arquitectura, era un admirador de la Antiguedad y del mundo helénico, preocupándose siempre por las causas de su decadencia y por sacar de esta experiencia histórica singulares conclusiones en relación al futuro. Por ejemplo, estaba convencido, como Gibbon, que el cristianismo había sido una de las causas de la decadencia del Imperio romano que de alguna manera, él aspiraba a restaurar.

Defendía también a Alá como Dios justo y omnipotente, así como, también caprichosamente, convertía los principios budistas en una reflexión sobre el destino y la fatalidad. De aquí partía para proclamar nuevos principios de la existencia basados en la Creación universal, en la que él era un simple ejecutor de la Providencia. Por lo tanto, con este bagaje filosófico, el brazo de Hitler podrá presentarse como una herramienta divina, de carácter aniquilador, en el cual se entrelazarán la nueva era de la técnica con el más ancestral y oscuro paradigma de la guerra. Circunstancias históricas, nacionales, internacionacionales, psicosociales así lo hicieron posible.

PATOLOGÍA PERSONAL Y ALIENACIÓN COLECTIVA

Hitler demostró poseer una fuerza de voluntad poco común para conseguir lo que se proponía, tanto en sus objeitivos individuales como colectivos. Según sus contemporáneos, era un conocedor eximio de la psicología de masas y calaba en ellas con una genialidad diabólica. Sometía a su deseo el deseo de todos utilizando patológicamente su capacidad de oratoria. Contagiaba su fanatismo y su discurso demencial con un carisma profético, prometiendo un mundo nuevo lleno de orgullo y esperanza. Se fundía con las masas erigiéndose en encarnación de una voluntad suprema y manejaba los entresijos del poder con una habilidad inusual.

Sin duda, estas virtudes expresan la unidad macabra entre una ideología perversa y un espíritu patológico. Sus rasgos obsesivos se potencian junto con su resentimiento. Su intolerancia personal se expande políticamente como si fuera en realidad una estrategia para la organización social. Sus neurosis en relación con la pureza racial se agudizan y conjugan con la limpieza étnica, sin ningún tipo de miramientos ni contemplaciones. Sus rasgos hipocondríacos y la obsesión continua por su salud se materializan persiguiendo y eliminando a los enfermos. Su espíritu dominante le impedía ver la realidad y aceptar la opinión de los otros. Hitler no sólo creía que era un iluminado, sino que actuaba como tal. Su afán de poder y de dominio lo consolidaba en su estrategia belicista de hegemonía mundial, y su constante irritabilidad e incontinencia se explayaba en la violencia que otros ejercían en su nombre, de modo que sus rasgos paranoicos le permitieron llevar a cabo la más grande y brutal persecución de la historia de la humanidad, con la presunción de un profeta que ha vislumbrado los designios de Dios.

La conjunción de todos estos factores, que como demagogo sabe aprovechar y realimentar a través de su personalidad y de su instrumento

Hitler junto a Leni Riefenstahl, actriz y directora de cine, famosa en los tiempos del III Reich. Riefenstahl, entre muchas otras obras, dirigió la película oficial de los Juegos Olímpicos de Berlín de 1936. (Foto: Dalmas / Camera Press / Zardoya)

orgánico más eficaz, el Partido, hace que en la posguerra, especialmente entre 1930 y 1932, los nazis pasen a ser los grandes triunfadores electorales. El nacionalsocialismo se convierte así en el primer y fundamental problema de Alemania, pero, al mismo tiempo, en el eje catalizador que aglutina a todos los descontentos políticos, sociales, económicos e ideológicos que se enfrentan a la república parlamentaria, a pesar de que predicaban la violencia y la brutalidad, el antisemitismo como supuesta forma de anticapitalismo, y anunciaban juicios sumarios a diestra y siniestra, como si la Historia entera debiese someterse a los arbitrios de un futuro tribunal inquisidor.

LOS NAZIS EN EL REICHSTAG

Entre 1930 y 1933, los nazis ganaron votos, adeptos y diputados de sus filas en el parlamento alemán, insistiendo que su poder vendría por las vías de la legalidad. Ya en el mes de enero de 1930, el Dr. Frick, un nacionalsocialista de Turingia, salió nominado, por esa localidad, ministro de Interior y de cultura popular. En septiembre del mismo año, el NSDAP consigue ser la fracción más poderosa del Reichstag y el partido nazi, con 107 escaños, nombra al ministro del Interior.

Hitler y los suyos seguían insistiendo en que llegarían al poder por medios legítimos y Hitler jura ante el Tribunal Supremo de Leipzig en octubre de 1930, que para obtener sus objetivos no se apartará en lo más mínimo del camino legal y justifica los hechos de 1923, aunque asegura que ha decidido no volver a actuar de aquel modo para lograr la libertad del pueblo alemán, ya que no tiene ninguna necesidad de hacerlo. A pesar de ello, la violencia de las SA seguía siendo una amenaza constante para la oposición al nacionalismo. Los nazis continuaban incorporando a sus filas elementos claramente provocadores y violentos, incluso con antecedentes criminales, y provocaban constantemente desmanes, agresiones de todos tipo y luchas callejeras. Junto a la estrategia en el Reichstag, Hitler iba afianzando su estrategia del miedo. Esta última no sólo era implementada con instrumentos violentos, sino que todo el discurso del nazismo apuntaba a atemorizar a la sociedad alemana contra innumerables enemigos invisibles. Las armas de los paramilitares nazis, más los discursos atemorizadores de Hitler contra todo lo que no fuera nacionalsocialismo y la supuesta «alma alemana», constituyó una combinación que dio como resultado el apoyo masivo a la que sus creadores llamaron la «causa del pueblo alemán».

LOS ALIADOS DEL NAZISMO

A este doble recurso hay que sumar el papel que tuvo en esos años decisivos de ascenso del nazismo al poder el resto de la derecha alemana, con Hugenberg a la cabeza. La relación que Hitler tuvo con el Partido Nacionalista Popular Alemán (DNVP) facilitó que, al caer esta formación bajo la influencia de Hugenberg, un claro antidemócrata famoso por sus diatribas contra el parlamentarismo, la república y la socialdemocracia en general, se afianzasen las ideas más dictatoriales y violentas. Esta alianza se estrenó oficialmente con la oposición al referéndum sobre el plan de paz Young y, a partir de 1931, se convirtió en estratégica al unificar los criterios de acción de lo que se autodenominaba «oposición nacional».

Todo el mundo tenía miedo en Alemania: miedo a la crisis económica, miedo al hambre, miedo a los nazis, miedo a los socialdemócratas, miedo a los judíos, al capitalismo internacional, a los bolcheviques, a la Revolución Rusa y a los demócratas. En ese clima agudizado por la «propaganda armada» de los grupos de choque y la sibilina oratoria de Hitler, las SA llegaron a tener una potencia inusitada: eran una fuerza de unos 400.000 hombres organizados como una fuerza paramilitar. Se estaban convirtiendo en un poder frente al ejército, los partidos políticos y el mismo Estado. Hitler ya comenzaba a imponer respeto al conjunto de la sociedad por su poder de movilización, sus votos y su capacidad para la presión violenta.

ASOMAN LOS CAMISAS PARDAS

Entre 1930 y 1933, las SA ya eran una fuerza organizada al estilo paramilitar. Sus hombres iban vestidos de uniforme con camisas pardas. Sus símbolos eran militares y su modo de comportamiento eran similares a los de una tropa. Realizaban todo tipo de desmanes y amenazaban con su agresividad. Gesticulaban y se daban órdenes como si se tratara de una miniejército de ocupación. En realidad, sus miembros estaban diseñados por su creador para ser un arma arrojadiza de lucha callejera y de alborotos políticos. No tenían una preparación militar sustantiva, porque a Hitler no le interesaban para conseguir sus objetivos bélicos estratégicos, sino para imponer su pensamiento político a través del terror. Sus miembros estaban aleccionados para conseguirlo con la más absoluta brutalidad y con una total falta de principios éticos. Por esa misma razón, su armamento era escaso y de poca importancia. ¿Para qué más? En definitiva, bastaba con sembrar sistemáticamente la calle con muertos y heridos para convertirse en una fuerza temida por el gobierno y por la sociedad en su conjunto.

Este militarismo no sólo era ostensible por parte de las SA. Los diputados nazis del Reichstag, cuando en el año 1930 obtuvieron los 107 escaños, se presentaron con la misma camisa parda que los paramilitares. Se atrevían a hacerlo porque eran la segunda fuerza del parlamento, avalados con 6 millones de votos. El resto de las fuerzas democráticas no sabía que hacer para parar el ascenso abrumador de Hitler y de sus huestes. Hasta ahora lo habían excluído de cualquier posibilidad de llevar a cabo alianzas políticas, pero los socialdemócratas, con la crisis económica a sus espaldas y muchos años de inestabilidad política, tenían poca credibilidad para hacerlo. En octubre de 1931, Hitler fue recibido por el presidente del Reich, el mariscal de campo von Hindenburg, con todos los honores: en aquel momento Hitler era ya nada menos que el jefe de la oposición nacionalista en el parlamento.

DE APÁTRIDA A CIUDADANO ALEMÁN

En 1932 Hitler es nombrado consejero gubernamental de la Oficina de Agricultura y Agrimensura de Braunschweig y, a partir de esta fecha, ya es ciudadano alemán, por lo que podrá presentarse en las elecciones directamente. El 13 de marzo se enfrentará como candidato a la presidencia del Reich al propio Hindenburg y obtendrá el 30% de los votos en la primera vuelta, y el 36 % en abril en la segunda. Un total de 13 millones de alemanes lo había votado. Para los socialdemócratas, que habían apostado por el derechista Hindenburg como única baza para contener a Hitler en su ascenso al poder, este hecho significó su definitiva derrota. Porque Hinderburg, reaccionario y nacionalista como el que más, se vio profundamenta afectado, al comprobar que todo el arco de las fuerzas de la «oposición nacional» votaba en su contra y a favor de Hitler. A partir de este momento, en medio de las alianzas políticas más paradójicas, las crisis en el Reichtag se encuentra en su punto máximo. Y otra vez los camisas pardas de las SA y de las elitistas SS jugarán sus cartas.

Utilizando a sus unidades paramilitares, Hitler consiguió su total legalización a partir de junio de 1932. Pero este logro tiene sus antecedentes. Los gobiernos provinciales, sobre todo los de Prusia y Baviera, presionaron sobre el gobierno central para obtener la disolución de las SA. El entonces ministro de defensa, Groener, convenció al presidente von Hindenburg y al canciller socialdemócrata Bröning de que las SA constituían un serio peligro político y de que sus miembros estaban traspasando sin ningún pudor los límites de sus funciones. Pero lo cierto es que esta presión no sirvió para mucho, ya que los nazis estaban apoyados por la derecha. Por su parte, el ejército tampoco estaba dispuesto a frenar el avance nazi, entre muchas otras razones porque el nacionalsocialismo era una excelente fuente de reclutamiento para situaciones de crisis en las fronteras, como efectivamente ocurrió en el caso del conflicto de límites con Polonia. Los oficiales del Reichwehr adictos a Hitler presionaban a su vez sobre los altos mandos militares. Groener se vio obligado a dimitir y, con él, cayó todo el gobierno del canciller Bröning.

CASI EN LA CUMBRE

Estos cambios políticos fueron decisivos para afianzar la estrategia de Hitler y de sus fuerzas paramilitares. En efecto, éste logró de inmediato la legalización total de sus milicias; la disolución del Reichstag y el inicio de la táctica de participación directa de los nazis en el gobierno. El NSDAP se convirtió en la fracción más poderosa de la cámara de representantes, con 230 escaños y el 37% de los votos de respaldo popular. A partir de ese momento, los nazis ya no dejarán de ser la primera fuerza política del Reichstag. En ese momento se le ofrece a Hitler el puesto de vicecanciller, pero no lo acepta. Aspira a mucho, a muchísimo más.

El verdadero precio de la colaboración nazi con el gobierno era para Hitler la obtención de la cancillería, y será por este cargo que peleará, completamente obsesionado, hasta conseguirlo. Tras una crisis que duraría varios meses, en cuyo agitado transcurso político se suceden von Pappen y Schleicher al frente de la cancillería, Hitler fue finalmente nombrado canciller por Hindenburg. Era el 30 de enero de 1933, un día que el mundo ya no podría olvidar jamás.

HITLER CANCILLER

LA CONSOLIDACIÓN DEL PODER

Desde que es nombrado canciller hasta el año 1935, Hitler consigue un control dictatorial de toda Alemania. Los sectores conservadores pro parlamentarios creían poder controlar a Hitler. Sin embargo éste, con su habilidad política, su capacidad de movilizar a las masas, sus SA y SS, inicia desde su nombramiento como canciller, las maniobras necesarias para consolidar una dictadura. Se había convertido en lo suficientemente respetable para ciertos sectores dominantes, antes remisos frente al nuevo demagogo, como para convencerles e influirlos; además, tenía cada vez más dominio sobre la situación interna del poder y sobre el anciano presidente. Como si esto fuera poco, el ejército le era, por parte de la joven oficialidad, fiel aliado. Con estas condiciones, Hitler comienza su actividad totalitaria.

Lo primero que hace, en nombre de la protección del pueblo alemán, es decretar una orden que permitía controlar tanto la prensa como las reuniones políticas. Quienes fueran controlados o prohibidos podían apelar a los Tribunales, aunque eso sí, siempre que antes la policía lo permitiera. Por supuesto, tanto el Ministerio del Interior como la policía estaban en manos de los miembros del NSDAP y de ciertos jefes de nivel intermedio de las SA. La estructura del partido nazi y de sus paramilitares se estaba insertando en las entrañas del Estado y éste, a su vez, víctima de una extraña metamorfosis, se volvía nacionalsocialista.

Así se confirmaban, en la práctica, las doctrina volcadas en sus años de prisión, casi diez años después. Una vez más, Hitler era consecuente con sus ideas y las llevaba hacia adelante, con el apoyo de una población cada vez más numerosa. Los principios se estaban cumpliendo uno a uno y la lucha interna, primero en el partido y luego en toda Alemania, se hacía eco de sus palabras premonitorias: «Tendremos, desde luego, necesidad de superar la resistencia de los enemigos internos de nuestra propia raza. Esto es lo que nosotros, los nacionalsocialistas, debemos comprender si proclamamos lo que nuestra íntima convicción nos dice: el de ser absolutamente indispensables. Necesitamos templar nuestro espíritu para afrontar la pública opinión, extraviada por la astucia del judío que explota nuestra característica falta de ideas. Hoy no somos sino un peñasco en el río; en pocos años más, el destino puede convertirnos en un dique, contra el cual se ha de estrellar la corriente general para seguir fluyendo por su nuevo cauce.» El dique ya es un hecho y el cauce llevará las aguas por un curso imprevisible.

LA EXPANSIÓN DEL TERROR

En el mes de febrero del mismo año y a menos de treinta días desde su nombramiento como canciller, Hitler, aprovechando la excusa del incendio del Reichstag, promulga un decreto mediante el cual suspende las libertades constitucionales al tiempo que autoriza al gobierno central para que envíe gobernadores a cada una de las provincias con el fin de controlar todo el Estado. La política del terror se generaliza, pero a pesar de ello los nazis llega a conseguir el 44% de los votos en las nuevas elecciones al parlamento, que tienen lugar el día 5 de marzo. En ese mismo mes crea la «Escolta de la SS Adolf Hitler» y promulga la «Ley de defensa del pueblo y del Reich», que le otorga plenos poderes, y que es votada por el conjunto del parlamento, con la sóla oposición de los socialdemócratas. A Hitler no le importaba conseguir la mayoría absoluta. Sabía que ganaría de cualquier modo. Los comunistas ya estaban proscritos, y los socialdemócratas más combativos en prisión.

El centro y la derecha eran todavía sus aliados. Así, el poder legislativo quedaba en sus manos, aunque todavía condicionado por los aliados que le habían facilitado el poder. Sin embargo Hitler tenía muy claro desde hacía diez años que no le iba ningún tipo de alianzas políticas, que condicionaran su acción. Quería gobernar sólo, ser el indiscutible genio de la política y del movimiento. Sólo necesitaba de bases sociales y de apoyo económico. No necesitaría a otros partidos, por el contrario, era imprescindible desprenderse de ellos. Así lo confirma , en su libro, cuando sostiene que: «...ninguna de las grandes hazañas de este mundo ha sido realizada jamás por coaliciones; tales cosas han sido invariablemente la obra del hombre individual. Los éxitos logrados merced a coaliciones contienen, debido a la naturaleza de su origen, desde el comienzo mismo, el germen de la futura disgregación, capaz de contribuir a la destrucción de cuanto hubiera con ello alcanzado. Las grandes transformaciones del pensamiento, que son las que realmente revolucionan al mundo, son inconcebibles e irrealizables como no sea en forma de luchas titánicas, dirigidas por una sola fuerza, jamás serán la obra de una coalición.»

Otra vez las SA serían las encargadas de cerrar el círculo por medio del terror. Cada mitin político, cada acto público, cada organización de cualquier tipo era atacada, boicoteada y disuelta. La adhesión de ciertas bases sociales a estos partidos se iba perdiendo paulatinamente, con lo cual el partido nazi iba, a su vez, ganando nueva fuerza y consenso social. En junio del mismo año, con la ayuda de sus SA, Hitler logra la disolución del partido nacionalista, la proscripción absoluta de los socialdemócratas y la desbandada general del resto de partidos. Por fin, concreta su objetivo más deseado: «El estado nacional no ha de surgir de la vacilante voluntad de una unión nacionalista de trabajadores, sino de la indomable fuerza de voluntad de un único movimiento, después de que éste hubiere triunfado derrotando a todos los demás.»

HACIA EL CONTROL TOTAL

Ya antes de conseguirlo, Hitler controlaba el conjunto del Estado mediante el nombramiento de cada uno de los gobernadores. Haciendo gala de su discurso antifederal, centralista y unitario, impide la independencia de las provincias. Ya había anticipado esta concepción del poder territorial del Estado, en su libro *Mein Kampf;* en que denuncia la farsa del federalismo. «Las doctrinas del nacionalsocialismo no están concebidas para servir los intereses políticos de los estados individuales de la Confederación, sino para conducir a la nación alemana. Ellas habrán de determinar la vida de todo un país y darle forma nueva; deben, por consiguiente, reclamar de manera perentoria el derecho a no respetar fronteras trazadas con arreglo a propósitos políticos que hemos desconocido.»

Unifica al Estado bajo su control mediante leyes que él promulga y decreta. El 14 de julio de 1933, con la ley de reorganización de los partidos políticos, y sin ninguna oposición, los nazis se convierten en el único partido del panorama político alemán. Por estas fechas comienza también el boicot y las amenazas continuas a los comercios judíos. La estrategia del miedo se ha consolidado y ha ganado las calles de las ciudades alemanas. Pero Hitler, además de la violencia, sigue esgrimiendo sus habilidad política. Logra en julio del año 1933 un concordato con la Santa Sede, lo que le brinda el apoyo de los católicos alemanes, antes mayoritariamente centristas.

Hitler va perfilando sus alianzas internacionales. En octubre del mismo año, se retira de la Sociedad de las Naciones y con ello muestra su oposición a la hegemonía internacional de los antiguos aliados en la Primera Guerra Mundial. Su consecuente enfrentamiento a los tratados de paz a los que fue sometida Alemania es otra de sus jugadas en el ajedrez internacional. Y al año siguiente mantiente la primera entrevista con Mussolini en Venecia para articular una política común con la Italia fascista. A finales de 1933 se habían realizado nuevas elecciones en el Reichstag. Sin oposición, logra el 92% de los votos, que no fueron más que un referéndum de aprobación a su política. Con esta base, el parlamento pasa a ser un artículo decorativo. Hitler ha conseguido su primer objetivo: controlar el poder político de Alemania. Pero ,como dictador, sabe que este poder no constituye el poder absoluto ni el control total. Para cumplir con sus objetivos todavía necesita dominar ciertas fuerzas y necesita mayor poder para hacerlo. Hay fracciones en sus propias filas, en el partido y en las SA, que se le escapan de las manos. Está Hinderburg, que todavía es una figura de prestigio como presidente y como representante de la derecha tradicional. Y, por último, está el

Ejército, que tiene sus propias estructuras y con las cuales no puede competir y tiene que ganar íntegramente para su causa.

LA ELIMINACIÓN DE ADVERSARIOS INTERNOS

Hitler había conseguido el poder dictatorial gracias al terror sembrado por las SA. Pero la violencia de este cuerpo paramilitar no era controlada íntegramente por él y su círculo de colaboradores más estrechos. La composición sociopolítica de este aparato era muy heterogénea y entre sus integrantes había de todo, desde fracciones muy marginales de la sociedad y sectores que pertenecían al oscuro mundo de la delincuencia, hasta elementos que habían sido expulsados por la crisis de los sectores productivos. En fin, su espectro político cubría todo ese mundo que la postguerra y la crisis habían arrojado a las calles de las ciudades alemanas, sin posibilidad de inserción social.

Estos sectores eran favorables al nazismo y, a su vez, producto de su política. Habían encontrado su ámbito natural en sus estructuras y el sentido de la vida en la causa. Eran también liderados por jefes ultraradicales que creían que el nacionalsocialismo representaba una verdadera alternativa de revolución social y nacional. Pero Hitler no tenía la misma opinión que ellos, ni guardaba tan estrechas relaciones con esas clases. Ni por su biografía ni por su estrategia.

MILITARES E INDUSTRIALES

Hitler era una hábil demagogo, oportunista y populista, que se servía de esos sectores. Pero prefería las alianzas con quienes realmente ostentaban el poder. No podía permitirse el lujo de tener radicales de esa naturaleza en sus filas, pues en cualquier momento, podrían desobedecer sus órdenes, o provocar desmanes y actuaciones no diseñadas por él mismo. Le había dado demasiadas alas a las SA y a sus jefes. Ahora tenía que quitárselas para que los acontecimientos siguieran el curso que él preveía. Debía terminar con las deliberaciones y acciones espontáneas de ciertos sectores y con las idealistas aspiraciones de una revolución con cambios sociales. A Hitler le convenía tener el apoyo del ejército y de los grupos industriales y financieros poderosos. Sabía que sin ellos no iría a ninguna parte. Y estos sectores de su partido y de las SA querían otra cosa. Querían suprimir la autonomía del ejército y fusionarse con él. Querían purgar toda la administración reformándola y convirtiéndola en una estructura totalmente nazi; querían controlar las finanzas y la industria.

Para Hitler era más importante su poder que el cambio social. Este no le interesaba y, para seguir consiguiendo hacerse con aquél, no podía ir en contra de quienes eran poderosos. Debía ganárselos y, para ello, tenía que eliminar a quienes favorecían o llevaban adelante estas ideas y esta tendencia en las SA. Uno de los principales dirigentes que tenía que hacer desaparecer era a su jefe Ernst Röhm.

LOS CRÍMENES POLÍTICOS

En junio de 1934, frente al avance de las reivindicaciones del ala izquierda de las SA y del NSDAP, Hindenburg presiona a Hitler con destituirlo y conceder todos los poderes al ejército. A su vez los conservadores, con Papen a la cabeza, amenazan con retirarse de la coalición de gobierno, si los radicales siguen avanzando con la llamada «segunda revolución». Hitler toma una decisión: la eliminación física de sus enemigos internos y externos del partido.

Opta por el crímen político. Sofoca la insurrección de Röhm con su asesinato y el de todos sus colaboradores o cabecillas que encabezan la segunda revolución, entre ellos Strasser. Aprovecha la ocasión para eliminar también a otros adversarios políticos como Schleicher, von Kahr y Edgar Jung.

Para realizar el crimen político se sirvió de su cuerpo selecto, las SS, hasta ahora integradas en las SA. A partir de este momento las SS se convierten en el órgano ejecutivo de Hitler y toman el relevo de las SA. Hasta ese momento toda la policía estaba controlada por ésta, a partir de ahora, policía criminal, de seguridad y política, estarán integradas en un sólo cuerpo: la Gestapo, la policía secreta del Reich, que será controlada por el jefe supremo de las SS y Comandante General de la policía del

La capacidad dialéctica y retórica de Hitler y su control de los hilos del Estado le permitieron consolidar una férrea dictadura al cabo de muy pocos meses de su nombramiento como Canciller (Foto: IWM / Camera Press / Zardoya)

Tercer Reich, Heinrich Himmler. La exclusión de las SA y su nueva reorganización plantea un visto bueno a cierta independencia de la Reichswehr y sus cuadros militares frente a Hitler, y logra la independencia de las SS con relación al partido nazi.

EL PODER ABSOLUTO

Una vez realizada la «Revolución Nacional» y la «Unificación», eliminados los enemigos políticos y neutralizado el ejército, el 2 de agosto del mismo año, muere von Hindenburg y Hitler asume el poder máximo ya que fusiona los cargos de Presidente y Canciller del Reich La Reichswehr presta juramento al Führer y Canciller Adolf Hitler. Unos días después llama a un plebiscito para confirmar electoralmente su poder. El 90% de la población apoya a Hitler, con lo que su régimen se estabiliza. Se intenta integrar a todos los alemanes en la estructrua del partido nacionalsocialista o en sus agrupaciones de bases.

La estructura del partido como toda la vida política y social giran alrededor del Führer. Su organización político-territorial se establece en relación a los distritos regionales; distritos comarcales; grupos locales; células y bloques. La misma estructura con la que logró el poder y que ahora se generaliza alcanzando a toda la sociedad alemana.

También existen las organizaciones, asociaciones o agrupaciones afiliadas al partido, que van desde los sindicatos obreros, asociaciones vecinales, cuerpos profesionales, funcionarios administrativos, empleados, hasta grupos culturales, y un largo etcétera. Este tejido social, político y económico, alrededor del Fhürer, se expande como los símbolos de su régimen: sus banderas y estandartes. La cruz gamada negra estaba presente en todo. Era parte del entramado social; su imagen indiscutible. Según relata en su libro, la había creado él mismo. «Después de innumeralbes ensayos hallé por fin la fórmula definitiva: una bandera de fondo rojo, atravesada por una banda blanca, que en el medio luciera una cruz gamada negra. Al cabo de mucho estudiar, tomé una resolución acerca de las debidas proporciones entre el tamaño de la bandera, el de la banda transversal, y el tamaño y grosor de la cruz; desde entonces, nuestra divisa no ha sufrido alteraciones. La nueva bandera apareció por primera vez en público al promediar el verano de 1920.» El aprendiz de arquitecto se había convertido en diseñador de los símbolos de su proyecto político. Fue un diseñador gráfico con futuro: en el año 1933, su obra, en forma de estandartes, banderas, brazaletes, logotipos impresos en toda materia dispuesta a ello, habían inundado Alemania y se habían convertido en unas figuras que los niños tomaban desgraciadamente hasta en la sopa.

LA PROPAGANDA DE GOEBBELS

Junto a la capacidad oratoria de Hitler, el talento propagandístico de Joseph Goebbels, fueron los elementos claves para la difusión de la ideología nacionalsocialista. Aquél siempre le había dado una importancia capital al instrumento de la propaganda política y pudo encontrar a quien no sólo siguiera sus directivas, sino que lo superara en su ejecución. Organización y propaganda estarán intimamente asociados. La función del ministerio que creará tiene el objetivo de cumplir con este doble objetivo: «El primer deber de la propaganda estriba en conquistar hombres para la organización; el de la organización, en conquistar hombres para proseguir la propaganda. El segundo deber de la propaganda es el de derribar la situación existente por medio de la nueva doctrina; el de la organización, luchar por la conquista del poder, a fin de asegurar desde él principio el éxito final de la doctrina.» Este era el tema, asegurar y consolidar la fuerza para seguir avanzando hacia una expansión ilimitada.

A partir de marzo de 1933 se crea el Ministerio del Reich para la educación del Pueblo, con Goebbels a la cabeza. El régimen totalitario, que se consolida con el Tercer Reich, tiene en este ministerio la justificación de sus acciones pero, a su vez, el logro del apoyo incondicional del pueblo alemán a través de la manipulación sin escrúpulos de éste por medio de la propaganda dirigida por Goebbels. Este fue uno de los más hábiles manipuladores de masas a través de la difusión de ideas. No sólo se valió del ministerio que dirigía y de todos los órganos de comunicación técnicos a su alcance; sino que organizaba actos espectaculares con símbolos que hacían vibrar a las masas frente a las palabras del Fürher. El Ministerio, además, ejercía una fuerte presión sobre las instituciones académicas y controlaba todo el sistema de enseñanza. En septiembre del año 1933, se crea la Cámara de Cultura del Reich.

El Tercer Reich, con el Fürher como indiscutido jefe, es el «Estado constitucional del pueblo», donde nada se atiene a ninguna norma democrática. Se forman tribunales especiales que figuran como Tribunales del Pueblo. Es un estado y una sociedad civil policíaca. Las bases fundamentales del derecho nacionalsocialista son la voluntad del Fürher y la ideología nazi. El individuo como tal pierde todas las garantías legales. Con la estabilización del régimen de Hitler y su poder absoluto como Fürher del Tercer Reich, la policía política es el árbitro, y todo movimiento de oposición o de crítica es brutalmente reprimido. Los enemigos políticos son enviados a campos de concentración con la excusa de una pretendida defensa de la comunidad alemana.

LA UNIFICACIÓN DE LA DERECHA

A partir de agosto de 1934 el ejército y la derecha conservadora, así como los grupos industriales más poderosos, aceptan el dominio de Hitler. A pesar del terrorismo de Estado y de las medidas criminales, todos parecen no enterarse de lo que está pasando. Esta alianza, entre derecha conservadora, Hitler y ejército, es la que posibilitó la estabilidad del régimen nazi hasta la Segunda Guerra Mundial. El apoyo masivo al régimen de Hitler fue el pilar fundamental para mantener esta alianza y se mantuvo y se amplió constantemente hasta los últimos insterticios de la sociedad. A partir del logro de la cancillería hay estabilidad y hasta expansión económica.

Esta expansión se debe a la construcción de carreteras y de obras públicas en general; a la incentivación de la industria de armamento y a la política de rearme del régimen; a nuevos incentivos del trabajo agrario para lograr el autoabastecimiento en materia alimentaria. Estos tres factores hicieron que desapareciera el paro y el peligro inminente de una crisis económica que, como hemos señalado, amenazaba constantemente a la república. Hitler logró la estabilidad y el empleo y con ello, mayor crédito político y social. Ya en febrero de 1934 había promulgado dos leyes: la «Ley de preparación del desarrollo orgánico de la economía», una ley que daba plenos poderes para controlar todas las asociaciones de carácter económico o productivo; y la Ley de ordenación del trabajo nacional, por la que se creaba la empresa colectiva como célula económica del sistema. Con estas dos armas tenía el control económico, a través del Estado y sus inversiones, y de los trabajadores. Lo rematará con la Unión de todos los trabajadores en el Frente de Trabajo del Tercer Reich.

En 1935 Hitler dicta la «Ley de defensa de la sangre y el honor alemanes» que luego se llamarían las leyes de Nüremberg junto con la «Ley de la ciudadanía del Reich», y la «ley de protección de la pureza de la sangre». A partir de ella se prohíben los matrimonios con judíos y el origen ario se convierte en requisito indispensable para ocupar cualquier cargo oficial. El fanatismo político, el terrorismo de Estado, las medidas criminales frente a todo opositor fueron en esos años moneda corriente. Y sin embargo Hitler mantenía y extendía el apoyo popular que gozaba y que le facilitó su política agresiva y de exterminio generalizado.

EL FÜHRER
Y SU ENTORNO

VIDA PRIVADA

Es difícil imaginar el sentido de la amistad en una personalidad como la de Adolf Hitler. Es mucho lo que se ha dicho de él al respecto y mucho lo que se ha especulado sobre este tema. Un hombre capaz de llegar al crimen político individual y masivo, sistemáticamente planificado, y de tener un sentido tan agudizado del poder dictatorial, tenía que ser sin duda tiránico, autoritario, totalitario en sus decisiones, tanto en sus contenidos como en sus formas. Sin embargo, la psicología explica que no siempre las características de una imagen «pública» se corresponden directa y especularmente con la idiosincracia privada y con las estructuras psíquicas más íntimas. Muchas veces un gran orador o un personaje histriónico es, en su vida privada, un ser sentimental reconcentrado e introvertido.

Por ejemplo, está documentado que Hitler era raro para relacionarse. Se dice que reaccionaba mal ante toda crítica y que no soportaba ningún tipo de rivalidad. Creía saber más que nadie y, aunque a veces consultaba a la hora de tomar algunas medidas, jamás dejaba que nadie lo influyera en su última y definitiva decisión. Sus más cercanos colaboradores dicen de él que tanto en la administración de la vida política de la Alemania nazi o del partido, como en el desarrollo de la Segunda Guerra Mundial, todo pasaba por su tamiz. Hasta el más pequeño de los detalles era supervisado por él, desde las leyes que promulgaba o los símbolos que se usarían en los actos multitudinarios, hasta la posición de la artillería en las diversas batallas.

AFÁN DE PROTAGONISMO

Egocentrismo y ambición de poder se combinaron en Hitler de manera sustancial. Desde joven siempre había querido ser alguien destacado, y en función de ello exageraba las cosas de una forma desmesurada, situándose como protagonista en medio de increíbles delirios de grandeza. El reconocimiento público y la superación de la mediocridad y de la vulgaridad eran su meta. Había heredado el espíritu inquieto de su padre y la constancia de su madre. Vivió la frustración en el arte pero ascendió en la política hasta límites que él nunca había sospechado. El poder lo desbordó hasta tal punto que Hitler volvió a ser aquel adolescente retraído, introvertido y enfermizo de Linz. En realidad, con tanto poder, comenzó a adentrarse cada vez más en su mundo personal y abismal, agudizando sus rasgos patológicos.

Según todos los que lo rodearon, y sobre todo según algunas de sus secretarias, era extremadamente amable con las mujeres, pero muchas veces reaccionaba inesperadamente de forma colérica y era impaciente en el trabajo. En los momentos más difíciles regañaba a todo el mundo que lo rodeaba, gritando, amenazando y hasta en ocasiones lo hacía apretando los puños con ira, aunque por lo general no pasaba de allí. La vida privada de Hitler está inevitablemente unida a su vida política, puesto que se pasaba la mayor parte del tiempo llevando a cabo alguna actividad. Poseía una capacidad de trabajo inigualable, por lo que para hablar de su vida personal y privada tenemos que atenernos a su entorno político y a las versiones recogidas en un entorno más o menos público: desde sus colaboradores militares y políticos, hasta sus secretarias, además de algunos datos dispersos que nos proporcionan compañeros de estudios, profesores o familiares.

AMIGOS Y COLABORADORES

Hitler no tenía amigos íntimos. En su juventud tuvo algunos, que fue perdiendo a medida que acrecentaba su poder. Pero Hitler no daba lugar a la intimidad ni al acercamiento. Se dice de él que en el trato era correcto pero distante, frío y calculador. Nunca permitía la confianza personal, ni jamás hablaba de sus cosas íntimas. Abordaba los temas más escabrosos, como si fuera un científico iluminado por la gracia divina siempre a punto de realizar una operación quirúrgica para salvar a la humanidad y al mundo. Era un enfermo que creía en su poder con tal soberbia, que no admitía ninguna valoración personal.

¿Cuándo comenzó a ser así? Eso no se sabe del todo. Tuvo más colaboradores que compañeros, más adeptos que amigos, más fieles seguidores que camaradas, más sometidos al designio de su genio que personas con libertad de decisión, más creyentes en su teoría, en sus dogmas y en sus doctrinas que individuos independientes. Sólo sabía de incondicionales devociones, que aceptaba, o de cerradas oposiciones, que combatía sin contemplaciones. Su capacidad de seducción estaba en su dialéctica, su mirada y su sonrisa.

HISTERIA E IRRITABILIDAD

¿Era Hitler un ser cobarde? Probablemente sí, especialmente ante determinadas situaciones. Se dice de él que nunca hirió ni mató a nadie personalmente. Siempre daba las órdenes para que otro ejecutara los actos más violentos o auténticamente criminales. Él conservaba las buenas maneras, aunque no siempre la calma. Reaccionaba ante los errores y las equivocaciones de sus seguidores con vehemencia e irritabilidad. No podía consentir las cosas «mal hechas» y se ponía histérico ante el desorden y la falta de pulcritud. No podía soportar la contrariedad, sea cual fuera y viniera de donde viniera. Cuando le salían mal las cosas, sus diversas neurosis se agravaban y, aunque su fuerza de voluntad era casi infinita y había sobrellevado muchos fracasos personales en su vida, el error y la equivocación alimentaban en él los demonios, que socavaban su espíritu hasta hacerlo padecer graves trastornos físicos.

Tuvo colaboradores fieles que lo acompañaron toda la vida e incluso, algunos, hasta en la hora de su muerte. Heirich Himmler, Joseph Goebbels, Herman Goering, Robert Ley, Alfred Rosenberg, Rudolf Hess, Hans Frank, Julius Streicher o Baldur von Schirach fueron jefes nazis de indiscutible lealtad hacia su Führer. También tuvo un gran amigo íntimo que lo guió en los primeros pasos, una especie de gran interlocutor, consejero espiritual e ideólogo nacionalsocialista, llamado Dietrich Eckart. Este murió en el año 1923. Con él, Hitler elaboró y consolidó sus ideas y parece ser que aceptaba sus consejos como no los volvería a aceptar de nadie. Con él Hitler escribió una obra inacabada, publicada en el año 1924 y titulada *El bolchevismo desde Moisés hasta Lenin. Conversaciones con Adolf Hitler*. Cuando murió Eckart, Hitler se hallaba prisionero por el fracasado golpe de Estado de 1923, y se dice que protagonizó uno de sus intentos de suicidio. Evidentemente, la muerte de Eckart y el fracaso político lo hundieron en uno de los momentos más bajos y desesperanzadores de su vida.

HIPERSENSIBLE Y OBSTINADO

Aunque colérico y gritón, no le gustaba enfrentarse con la gente ni que lo contradijeran en ningún sentido. Por ello, cuando no se obedecían estrictamente sus órdenes, parecía volverse loco. Ante sus hombres y mujeres de confianza perdía la serenidad fácilmente. Su intolerancia la manifestaba a través de un carácter indomable y profundamente dominante. Desde muy joven se había destacado por su obsesión por la notoriedad, pero este impulso desmedido por conseguir el poder estaba acompañado de un espíritu retraído. La ausencia de confianza y de cercanía con los «suyos» y, antes de convertirse en Führer, con sus compañeros de colegio o de batallón, estaba acompañado por una forma fría e impertérrita de comportamiento. Siempre se mostró hipersensible y obstinado, torpe y malhumorado, porfiado y orgulloso, reservado e introvertido. Su energía desbordante la tradujo en planes desmesurados y muy complejos. Así era de contradictorio. Pero ¿tenía alguna virtud humana?

De sus años de juventud queda cierta estela de un carácter alegre y mucho sentido del humor. Pero era bastante malicioso, perverso y cruel.

Él mismo reconocía que, desde sus años de adolescencia, le encantaba observar las debilidades humanas de los demás para aprovecharse de ellas. Cuando se olvidaba de su narcisismo y de ser un personaje importante resultaba mucho más accesible y humano. Y esto le ocurría, sobre todo, con las mujeres. Era respetuoso, educado y caballeroso con ellas, pero, con la sola excepción de sus grandes amores y de su madre, no les tenía demasiada consideración. Se había creado desde joven su propia imagen de sí mismo, la había alimentado de tal manera y con tal convicción, que no permitió a nadie conocer su fondo. Producía intimidación en los demás y eso era lo que le gustaba sentir. Por eso, sus amigos eran aquellos que se transformaron en sumisos devotos de su camino hacia la gloria y la «salvación de Alemania».

SU MADRE, SUS MUJERES Y SUS PERROS

De quienes lo conocieron sólo se pueden recoger estas opiniones generales, pero poco se sabe de los sentimientos más íntimos de Hitler. Sus amigos de Munich, los Popp, conocían de él poco más que las charlas políticas y sus actividades como pintor. Pero nunca le conocieron otros amigos íntimos ni mujeres. No sabían qué hacía cuando no estaba en su casa. Sus seguidores tampoco. Sólo se recogen elogios y admiración por una fuerte personalidad avasalladora. Pero también posturas críticas. Se dice de él que era sobrio y austero. Se dedicaba sólo al trabajo y al deber. Los generales que lo rodeaban afirmaban que tenía una personalidad extraordinaria y gigantesca, pero que luego tomó proporciones infernales. Tomaba a los demás como simples órganos de ejecución. Siempre ordenaba y mandaba. En realidad no se fiaba de nadie. Pero nadie que lo rodeaba lo consideraba una enfermo o un anormal. Aunque otros decían que era un maestro de la fanfarronería, por lo que era imposible ejercer ninguna influencia sobre el Führer.

Göering, mariscal del Tercer Reich y colaborador del Führer desde la más tempranas épocas del partido, llegó a afirmar que Hitler nunca conoció los detalles de los campos de concentración, ni las atrocidades que en ellos se cometían. Para éstos, no era un criminal, sino un jefe político que creía en la expulsión de los judíos y en la limpieza étnica de Alemania como una necesidad histórica y hasta científica. Otros afirmaban que creía en la guerra y en el exterminio como el medio de lucha más rápido, capaz de acortar el sufrimiento y, por lo tanto, el más humanitario de todos los métodos. De sus virtudes o afectos humanos quedan en el recuerdo la ternura y los cuidados que tuvo por su madre, sus grandes amores y sus perros.

SU VIDA SENTIMENTAL

Se sabe que Hitler tuvo, desde el año 1921, numerosas aventuras amorosas. Era especialmente cariñoso y seductor con las mujeres, y tenía una habilidad especial para embelesarlas con su carácter despierto y su conversación, que podía hacer amena. Las mujeres lo admiraban con fervor, despertando en ellas verdaderas pasiones por su persona. Eran devotas de su figura y de su causa. Hasta Eva Braun, con quien mantuvo una relación amorosa larga y continuada, lo llamaba «mi Führer». Pero nunca estableció lazos legales con ninguna de ellas. Sólo con Eva Braun, poco antes de que ambos se suicidaran, en el Bunker del Estado Mayor hitleriano.

Hitler admiraba a las mujeres sobre todo por su belleza. Algunos dicen, que desde su adolescencia, le gustaba salir y pavonearse con jóvenes bonitas. Esto es difícil de comprobar, pues, como hemos constatado, Hitler era de adolescente un joven retraído, más bien tímido e introvertido, que sólo se destacaba por «jugar a la guerra». Comienza a demostrar su personalidad o a esconderla, de acuerdo con la visión que se tenga de su psicopatología, cuando se alista en el ejército del Reich alemán, a comienzos de la Primera Guerra Mundial. En todos los años anteriores a esta guerra y en los dos años posteriores, se le conocen muy pocas relaciones o aventuras con mujeres. No es de descartar la existencia de algún amor imposible o la ilusión de algún amor platónico. En realidad, de joven siempre dio la impresión de ser raro y extraño. No se lo veía con muchachos ni muchachas de su edad ni en los lugares comunes de ocio y diversión frecuentados por los jóvenes de su generación. Siempre se lo veía preocupado por temas artísticos y más tarde políticos, pero por lo general, acostumbraba a aislarse de las inquietudes generales del mundo estudiantil y no compartía las de la gente de su edad.

PERFECCIÓN *VERSUS* PLACER

Era bastante moralista y odiaba la prostitución. Consideraba la promiscuidad sexual como una degeneración del cuerpo y del alma. Creía que el amor creaba debilidad y atacaba la homosexualidad como algo pervertido y anormal. Su obra de grandeza y limpieza alemana anunciada en *Mein Kampf*, también hacía referencia a «los vicios eróticos y sexuales». Esta grandeza de perfectibilidad excluía todo lo que fuera ocio o placer de la vida. A tal punto, que cualquier insinuación de libertad sexual era para él un libertinaje, que sumiría a la sociedad en un semillero de vicios. Sus placeres se hallaban sublimados en los sueños de poder.

También en este terreno de su origen familiar oscuro crecieron múltiples especulaciones alrededor del personaje y sus ideas. Algunos, llevados por el simplismo o por realizar algún tipo de propaganda en contra, afirmaron que fue un furibundo antijudío porque en el fondo tenía la duda de serlo o tal vez la certeza. Del mismo modo, se explicaría su respuesta horrorizada ante la homosexualidad como una consecuencia a su verdadera inclinación homosexual. Esta hipótesis explicaría también lo raro y retraído que era de joven, y el que no se le haya conocido ninguna relación afectiva femenina hasta el año 1921, en que comenzó a adquirir notoriedad pública. Algunos han intentado explicar con estas especulaciones el que no se hubiera casado, explicando que sus relaciones con las mujeres eran un montaje más de la propaganda nacionalsocialista. Una especie de necesidad de inventar historias femeninas a partir de su relevancia pública.

Estas argumentaciones, sin embargo, no tienen pies ni cabeza. Existe una explicación mycho más sencilla y más lógica para todo ello. No se le conocen relaciones anteriores a su relevancia pública porque, en aquella época las relaciones que podía tener un muchacho soltero de la clase media con cualquier tipo de mujeres se mantenían en privado y nadie las conocía. No se sabe en realidad si fue porque el ambiente que se respiraba en el frente le abrió los ojos y también la pulsión sexual, o porque sintió a partir de sus experiencias militares una mayor autoestima y seguridad en sí mismo, o porque su iniciación en la actividad política partidista le despertó su libido al mismo tiempo que la capacidad para la demagogia y la oratoria.

SUS HISTORIAS AMOROSAS

Lo cierto es que, a partir de los años veinte, cuando contaba con más de treinta años, inicia, aparentemente, una actividad sentimental y amorosa prolífera. Sus colaboradores de ese momento lo recuerdan como un conquistador y un gran seductor y fue, según diversos testimonios, protagonista de numerosos amoríos. No se sabe a ciencia cierta si fueron realmente amoríos hasta el fin, con relación sexual incluida, o tuvo numerosas admiradoras que a lo largo de su carrera le protegieron y le ayudaron, más como amigas que como amantes. Su fama de seductor se incrementó al mismo ritmo que lo hizo su poder político. En algunos círculos se le conocía como un verdadero destrozador de corazones, y gozaba de la compañía íntima de mujeres de la alta burguesía, ricas y poderosas, que, incluso en los primeros momentos de construcción de su partido, lo ayudaron con joyas y con dinero para subvencionar su causa. Muchos son los nombres que integran la lista: Elsa Bruckmann, Carola Hoffmann, Viktoria von Dirksen, Gertrudes von Seidlitz, Susi Liptauer, María Reiter, las extranjeras lady Mitford y Martha Dodd, la princesa Stephanie von Hohenloe, Eleonore Bauer o Helene Bechstein, por citar las amigas íntimas más conocidas aunque no se sepa con exactitud, en algunos casos, el grado de intimidad, ni el alcance de las relaciones con algunas de estas mujeres.

Hitler deja la estela de un seductor nato. Por un lado es un misógino, que desprecia a las mujeres porque las considera menos inteligentes que el hombre. Reconoce que las mujeres tienen una capacidad de entrega que los hombres no poseen, pero considera que su mundo es estrecho en relación al masculino. Por otro lado, Hitler las domina y las halaga, elogiando sus cualidades femeninas.

Con ellas se mostraba galante, caballeroso, atento, simpático. Jamás descargaba sus iras contra ninguna mujer. Por el contrario, parecía tener una paciencia especial hacia el sexo opuesto. Su exceso de atención parecía ser la otra cara del menosprecio y de la desvalorización de ellas. Según muchos miembros de su entorno personal y político, Hitler era fulminante con las mujeres. Parecen tener razón, ya que no sólo las seducía, sino que muchas de ellas intentaron quitarse la vida, presuntamente por las relaciones tumultuosas y tormentosas con semejante personaje. No se sabe si es del todo cierto que Inga Ley, actriz dramática, famosa en su tiempo, se tiró por una ventana tras un contacto pasional con el Führer. Sí en cambio se puede afirmar que muchas otras lo intentaron realmente. Su sobrina, Geli Raubal, acabó con su vida de un tiro en el año 1931, después de ser amante de su tío por más de un año. Se dice que nunca pudo olvidarla y que fue su primer gran amor. Era mucho más joven que él, ya que contaba sólo con 22 años cuando se suicidó, aparentemente embarazada de su tío.

También otras mujeres intentaron suicidarse por las relaciones conflictivas con el Führer y por la imposibilidad de desarrollarlas afectivamente. Lady Mittford, Martha Dodd, Susi Lipatuer, María Reiter y hasta Eva Braun figuran entre ellas. Era un hábil manipulador de sentimientos y esperanzas, y se aprovechaba de ello para ejercer su seducción. Pero no quería saber nada de formalizar ninguna relación. Tenía un desprecio profundo por la unión legal. Creía que era una verdadera limitación para un hombre poderoso como él. Prefería tener amantes y se jactaba de esto. La inestabilidad que ofrecía a las mujeres con las que tenía relaciones sentimentales, su carácter demoníaco y desmesurado, convertían sus amores en imposibles. Sin embargo, con Eva Braun fue diferente. Tal vez por la constancia de esta mujer, por seguirlo con un amor incondicional y hasta patético, por ver sólo a través de los ojos de su Fürher, por su sometimiento sin límites, logró lo que otras no pudieron: tener una larga relación, que se prolongó hasta el final de su vida.

EVA BRAUN

Cuando conoció a Eva Braun él tenía cuarenta años y ella diecisiete. En esa época vivía con su sobrina Ángela, «Geli», pero de entrada se fijó en Eva, una joven muy bella que sintió, desde el primer momento, una gran atracción por él. La familia Braun, en cambio, no participaba de la euforia hitleriana de esa época. Conoció a Eva porque su familia tenía amistad con un amigo suyo de Munich. En esta época, sus salidas con Eva eran culturales. La invitaba al cine, al museo o a cenar. La trataba más bien como se trata a una niña que está embelesada con un cuarentón. Tras el suicidio de Geli, Hitler entró en una gran depresión y, según sus propias palabras, fue uno de los momentos más trágicos de su vida. Eva, hasta ese momento amiga suya, comenzó a interesarse por el estado en que se encontraba. Trató de ayudarlo con el amor desinteresado e incondicional que siempre le profesó, y así se convirtió en su amante. Corría el año 1932. Hitler contaba con 43 años; su nueva amante apenas tenía veinte.

En esta época de su vida estuvo rodeado de muchas mujeres famosas ligadas al arte y la cultura. No se sabe con exactitud cuáles de ellas fueron sus amantes, pero sí que tuvo varias relaciones amorosas y que nunca le fue fiel a Eva Braun. Muchas de estas mujeres le eran presentadas por Goebbels, su ministro de cultura y propaganda, que por sus funciones estaba muy relacionado con el mundo del arte. Una de las más famosas de estas mujeres fue Leni Riefenstahl. Actriz alemana de gran prestigio y talento, luego se convirtió en directora y realizadora. Ella fue quien filmó los Juegos Olímpicos de Alemania del año 36 por encargo de Goebbels y del propio Hitler. Este filme es uno de los documentales que hacen historia en su género por su vanguardismo artístico, por los medios que utiliza y por su gran belleza de realización, al margen de que fuera un instrumento más de propaganda internacional del nazismo y de su régimen.

Estas relaciones prolíferas y tumultuosas acabaron con el comienzo de la guerra. Con la contienda, aparecieron los problemas y las enfermedades provocadas por el exceso de trabajo, el estrés, la irritabilidad y las neurosis obsesivas. Entonces se concentró en Eva Braun. Según las versiones de sus médicos, la relación sufría momentos de depresión sexual. Su prematuro envejecimiento también se manifestaba en su falta de deseo. En las circunstancias extremas, Eva Braun acompañó a su amante de siempre y, justo un día antes de su suicidio, logró unirse con él en matrimonio.

EL FIN DE LA TREGUA

PROPÓSITOS INCONFESADOS

Todo parecía haber cambiado en Alemania desde que Hitler y el partido nazi tomaran el poder. La tregua conseguida tras la Primera Guerra y, con ella, la paz mundial, parecían haberse logrado en 1929. Sin embargo, en 1933 todo había cambiado. Ya no se veía claro el horizonte. La perspectiva de un entendimiento razonable parecía imposible con el nacionalsocialismo militarista alemán, que consolidaba sus posiciones, debido tanto a la estabilidad económica de su política como al gran apoyo social y al auge de masas que respaldaban sus doctrinas. Pero ¿cuáles eran las verdaderas intenciones de Hitler? ¿Quería dominar Europa por medio de la hegemonía alemana? ¿Necesitaba sojuzgar a otros pueblos para ocupar territorios indispensables como «espacio vital» para los germanos? ¿Se trataba sólo de lograr una hegemonía y unidad alemana con los pueblos más cercanos? ¿El creciente antisemitismo era parte de esta estrategia o sólo un delirio racista que no iba más allá de las palabras?

Cada uno de los movimientos ejecutados por Hitler, desde que había sido nombrado canciller, iban despejando paulatinamente estas incógnitas. No olvidemos que desde que jura su cargo en el gobierno de coalición hasta la «revolución nacional», le sigue una revolución legal, que amplía primero su poder a partir de una reforma de la Constitución y de la promulgación de las leyes en defensa del pueblo y del Estado, cuyos objetivos fundamentales eran consolidar totalmente el poder del partido nazi y de su caudillo, el Führer. A continuación, Hitler hizo desaparecer a los adversarios políticos y promovió la unificación de los territorios del Reich con la anulación del federalismo y del poder autónomo de los Länder. Con este movimiento consiguió despejar el camino a su total dominio como Führer del Tercer Reich: proclamó el estado de emergencia; persiguió, encarceló y eliminó a comunistas, socialistas, socialdemócratas y la izquierda en general; neutralizó y anuló a sus aliados políticos; asesinó a los miembros del sector radical de su partido; impuso leyes racistas en el funcionariado; reorganizó toda la sociedad para que le fuera adicta y se convirtiera en una simple correa de transmisión del régimen; ganó para su causa a la mayoría del ejército y de las clases industriales poderosas. Pero ¿era suficiente todo este poder para satisfacer sus delirios de grandeza en las circunstancias históricas que atravesaba Europa?

LA DOCTRINA DEL «ESPACIO VITAL»

Lo que está claro es que, en un principio, todos los sectores nacionalistas tenían el objetivo de acabar con las condiciones del Tratado de Versalles y que Alemania recuperara la posición internacional que tenía antes de la Primera Guerra Mundial. Hitler era el principal impulsor de esta política. Aparentemente, aquí acababan sus propósitos. Sin embargo, en su libro *Mein Kampf*, ya decía pretender algo más que esto. Por ejemplo, hablaba de ocupar territorios hacia el Este para posibilitar el asentamiento de la especie humana superior; los arios. Para ser una verdadera potencia, Alemania debía ser grande y, por lo tanto, debía conquistar territorio.

Esta es la doctrina del «espacio vital». En su libro reconocía que las fronteras alemanas anteriores a la guerra eran insuficientes para albergar a los «recios hijos de los campesinos alemanes» y que la sangre derramada hoy abonaría, sin duda, la gloria del futuro de su pueblo. En estos principios están claros sus objetivos expansionistas, que si bien no prueban que tuviera un plan detallado de conquista bélica, sí corroboran que sus planes no fueron casuales, ni producto sólo de las circunstancias. Hay una atmósfera general que los facilita. De todas maneras, tanto Hitler y su partido como el resto de fuerzas que intervinieron fueron desbordados por los acontecimientos, que llegaron muchísimo más lejos de lo previsto.

EXPANSIONISMO Y REARME

Ya en el año 1934 Hitler controlaba de manera absoluta a toda Alemania. En este año sus ideas ya estaban muy difundidas y, como sabemos, no eran solamente suyas. Para todos los alemanes, el Tercer Reich debía ser una gran potencia mundial y, para ello, debía tener más territorios, ampliando las fronteras para que el pueblo alemán pudiera desarrollarse como tal. Tenía además amplia aceptación la idea de que los germanos eran superiores y, por lo tanto, tenían mayores derechos que otros pueblos. Esta pureza de raza estaba amenzada por razas impuras como los judíos o los gitanos. Hitler nunca hubiera podido poner en práctica estas ideas si no hubieran estado también presentes en el ánimo del pueblo alemán. Desde que jura como canciller, Hitler cuenta con el suficiente aval de la sociedad alemana para dar comienzo a la militarización de Alemania.

Pero este rearme alemán decía no tener connotaciones agresivas que trascendieran al exterior. Hitler y los nacionalsocialistas se empeñaban en mostrar una cara pacífica y se esforzaban por transmitir al pueblo la necesidad de ser pacientes en la tarea de materializar los sueños patrióticos nacionales. Con estas apariencias, y aunque pueda parecer paradójico, Hitler era considerado por los analistas políticos internacionales como un moderado dentro de una partido lleno de radicales y fanáticos, sobre todo después de haber liquidado al sector de Röhm y sus seguidores en el año 1934. Esta acción constituyó una especie de aval diplomático frente a los observadores extranjeros, que si bien creen que el fenómeno nazi puede deparar desagradables e inesperadas sorpresas en forma de agresión, éste no es más que una continuidad de la larga historia del nacionalismo alemán y sus reivindicaciones frente a Europa.

LA GRAN ALEMANIA Y EUROPA

La política exterior de los distintos países europeos se mantiene ante Hitler en estado de alerta, pero las dudas, vacilaciones y ambigüedades eran la nota característica general. Todo transcurre sin grandes sobresaltos, mientras Hitler ejecuta paso a paso sus planes, tanto dentro como fuera de Alemania. Europa no se define frente a Hitler y su régimen y no se pone de acuerdo sobre cuáles son los verdaderos propósitos de los nazis. Por lo tanto, las vacilaciones europeas favorecían a Hitler, que continuaba proclamando los deseos de Alemania de mantener la paz, pero rechazaba la política de «seguridad colectiva» que defendía Francia y, en cambio, apoyaba los acuerdos bilaterales.

El primer paso hacia la conquista del «espacio vital» es la revisión del Tratado de Versalles, hasta lograr su definitiva anulación. Frente a este hecho, los países liderados por Francia e Inglaterra no saben si emprender una guerra preventiva contra Hitler para provocar su caída y evitar así una catástrofe mayor, realizar una alianza defensiva contra una probable agresión alemana, o negociar con los nazis hasta lograr un acuerdo de desarme.

UNA DEBILIDAD IMPERDONABLE

Esta última alternativa, a pesar de ser la de mayor incoherencia de cuantas pueden concebirse en materia de política exterior, fue sin embargo el camino que siguieron los países europeos occidentales. Sabían perfectamente que Alemania estaba en una clara línea de rearme y que potenciaba al máximo la industria armamentística. Esta política era una carta decisiva, pues no sólo satisfacía los intereses de los sectores de la gran industria germana, sino que también era la gran alternativa de la lucha contra el paro, lo que proporcionaba a Hitler gran respaldo social. Era evidente que Hitler no se volvería atrás en su política de rearme, por lo que Europa se inclinó por aceptar como lógico y natural el armamentismo alemán. Por eso Hitler deseaba más que nadie mantener una política de hechos consumados, porque ganaba tiempo para hacer crecer su potencial bélico, al mismo tiempo que imprimía una imagen pacífica a su régimen.

LAS TENTACIONES DEL ANTICOMUNISMO

Cuando Francia comienza a tener dudas muy serias sobre las verdaderas intenciones de los nazis y endurece su política exterior, Hitler sorprende al mundo en 1934 con un pacto de no agresión con Polonia, lo que supone un grave golpe contra los franceses y su política de alianzas con el Este europeo. El Führer se muestra a sí mismo frente a Europa como el líder de la paz, con planes absolutamente inofensivos. Los éxitos de la política exterior nazi se completan con el plebiscito que realiza sobre la región del Sarre y su incorporación al Tercer Reich, y el acuerdo naval con los ingleses en 1935. Mediante la anulación del Pacto de Locarno y la ocupación de la zona desmilitarizada de Renania, sin pegar un solo tiro, impone en esa zona la soberanía militar absoluta alemana, y con ello, consigue poner fin al orden impuesto por Versalles.

Mientras tanto, el papel de Hitler como líder antibolchevique y, sobre todo, como el que detiene el peligro de la revolución comunista en Europa, seduce a las potencias occidentales. De este modo, Alemania gana terreno diplomático, circunstancia que se afianza mediante el *Pacto Antikommitern* –claramente antisoviético y anticomunista– que firma con Japón en noviembre de 1936. En este mismo mes establece un pacto bilateral con Italia, estructurando el llamado «Eje Roma-Berlín». Estas dos relaciones bilaterales serán las alianzas que ofician como preludio de la acción bélica del nazismo, y serán también las alianzas que perdurarán durante toda la contienda mundial, pero son los acuerdos que Occidente tolera en aras de frenar al comunismo. Sólo la Unión Soviética propone a Europa suscribir un acuerdo colectivo de seguridad y advierte acerca de la inminente agresión nazi.

LAS DUDAS DE LONDRES

A pesar del pacto naval suscrito en 1935 con la Alemania nazi, los ingleses son los que más dudan acerca de las verdaderas intenciones de Berlín. La armada alemana crece sin parar y los servicios británicos han detectado nuevas tecnologías en la construcción de submarinos, e inversiones de intereses industriales muy poderosos en este área de la marina de guerra. A pesar de los acuerdos y del entendimiento anglogermánico, los ingleses no veían con buenos ojos a Hitler. Los métodos del régimen nazi eran profundamente rechazados por éstos. Sin embargo, Chamberlain, todavía en 1937, afirmaba que se podía llegar a algún tipo de acuerdo con Alemania.

El objetivo era evitar que usaran la fuerza contra los austriacos y los checos. A cambio, Gran Bretaña y Francia estaban dispuestas a otorgar garantías para que los cambios a los que aspiraban el pueblo alemán y su caudillo fueran posibles en el marco de un acuerdo de paz europeo.

PRELUDIO DE LA GUERRA

Hitler estaba logrando lo deseado: el rearme imparable de Alemania y el afianzamiento de su régimen en Europa. Antes del Plebiscito de Locarno, ya había violado los acuerdos de Versalles con dos hechos muy claros: en 1935 Göering anunciaba la existencia de fuerzas aéreas alemanas y, en el mismo mes, el establecimiento del servicio militar obligatorio. En 1936 se realizan la XXI edición de los Juegos Olímpicos en Berlín. En ellos la Alemania nazi da muestras al mundo de la naturaleza de su régimen, de la capacidad del despliegue de medios humanos y técnicos, y de la eficacia de las dotes de organización del pueblo alemán. La fortaleza de Alemania es ya un hecho público y notorio. Hitler comienza a pensar en que los objetivos básicos ya están alcanzados y que ha llegado la hora de pasar a la acción.

En el mes de noviembre del año 1937 el Führer realiza una conferencia secreta donde expone a sus más cercanos colaboradores sus más recientes planes bélicos, y en la que se decide la conquista de nuevos territorios para Alemania por medio de la violencia. Hitler comienza su intervención aclarando que esta decisión es el producto de profundas meditaciones. En la reunión están presentes Göering, que está al mando de las fuerzas aéreas; Blomberg, que es ministro de Guerra; Raeder, que está al frente de la marina de guerra; Fritsch, que es comandante en jefe del ejército, y el ministro de Asuntos Exteriores, Neurath. El acta de esta reunión es escrita por Hossbach, coronel ayudante de Hitler, y es por ello que este documento pasa a la historia como el «Protocolo de Hossbach». Hitler expone aquí sus ideas básicas acerca de las oportunidades que se le

Hitler en la tribuna del Reichstag (Parlamento Alemán) en el momento de declarar la guerra a Polonia. Tras él, sentado, está Hermann Goering, el entonces Presidente del Parlamento. (Foto: Camera Press / Zardoya)

presentan a Alemania en el plano internacional y analiza puntualmente los requisitos necesarios para consolidar su expansión.

EL TESTAMENTO DE UN HIPOCONDRÍACO

Al mismo tiempo plantea que, si muere, lo expresado por él en esta conferencia secreta sería su última voluntad y debía considerarse una especie de testamento político. Su obsesión por la enfermedad y su neurosis hipocondríaca ya se habían manifestado desde que el momento en que se convirtió en canciller y a lo largo de todo el año 1934. Parecía ser que el logro de sus objetivos y el poder desbordaban de tal manera al Führer, que estos síntomas enfermizos crecían a medida que la realización de sus obsesiones y delirios de grandeza se concretaban. En 1934 se somete en Berlín a un reconocimiento exhaustivo de todo su organismo, pues ya en ese momento creía estar gravemente enfermo y padecer un mal incurable. Después del examen, los médicos de las distintas especialidades lo convencen de que no tiene nada y de que no sufre ninguna dolencia orgánica.

En el año 1935 vuelve sobre lo mismo. Aquejado por múltiples trastornos, seguramente de origen psicosomático, cree nuevamente ser víctima de una enfermedad inminente. Padece de insomnio y se queja constantemente de molestias cardíacas. Según sus médicos, todo se debe a una dieta alimentaria insuficiente, que le produce trastornos de carácter, dolores de estómago, flatulencia y fatigas. Pero Hitler no se convence del todo. Se siente peor y su estomatitis va en aumento. Él insiste y su mal se manifiesta a través de molestias de todo tipo. Los médicos concretan que se trata de la presión arterial, alterada por motivos que nadie conoce.

En el año 1937 esta obsesión por la enfermedad se agudiza. Su estado de salud le hace pensar que le queda poco tiempo de vida, y es por ello que redacta otro testamento político. Todo lo que piensa y plantea son sus ideas de siempre, pero esta vez dominadas por el sentimiento de hallarse enfermo y del corto tiempo que le queda para realizar y concretar sus planes expansionistas y hegemónicos de Alemania, convirtiéndola en una gran potencia mundial.

LOS PLANES DEL FÜHRER

En realidad, la política exterior de Hitler es una continuación de su estrategia política global, por lo que no es muy creíble la hipótesis de que hubo un viraje en su visión del mundo a consecuencia de un sentimiento de enfermedad y muerte. La exposición de sus planes obedece más a una necesidad de consolidar la homogeneidad de la dirección militar que deberán llevarlos a cabo. Esto no quiere decir que sus neurosis y su estado de salud mental y físico no alteraran las formas y el sentido que lo lleva a cabo, pero sus ideas básicas siguen siendo las mismas. Para concretarlas y pasar a la acción, necesita de colaboradores eficaces y que el Ejército participe con entusiasmo y convencimiento pleno en tal operación.

Lo que se expone en dicho testamento se puede resumir en lo que son las argumentaciones de su doctrina nazi: que la comunidad racial germana tiene derecho a un espacio vital mayor que los otros pueblos y que el futuro de Alemania se halla condicionado por este hecho. Para resolver esta cuestión se necesita la fuerza de la acción bélica. Pero no todos los presentes en la reunión estaban de acuerdo con sus sugerencias. Tanto Blomberg, Fritsch como Neurath se mostraron muy cautelosos ante tales afirmaciones. Con temor argumentaron que era un riesgo muy elevado iniciar una agresión armada contra Checoslovaquia, pues podía desembocar en una guerra generalizada. Hitler no los escuchó. La anexión de Checoslovaquia y de Austria era para él necesaria, vital y posible. Constituye el punto de partida de la expansión alemana y de sus posibilidades de éxito. La hegemonía mundial de Alemania puede abrirse camino a partir de ensanchar sus fronteras y unificar a los alemanes de esos dos países con el Tercer Reich.

Los contrarios a esta estrategia son destituidos a principios de 1938 a través de las intrigas tejidas por sus más fieles seguidores: Himmler y Göering. El ministro de la Guerra, Von Blomberg, el general Von Fritsh y Neurath, el ministro de Relaciones Exteriores, dejan de formar parte de la escena. Se reorganiza el Ejército a través de la creación del Mando Supremo de las Fuerzas Armadas, por el que Hitler se convierte en su propio ministro de la Guerra y con ello, afianza su ya ilimitado poder. Joachim von Ribbentrop es nombrado ministro de Asuntos Exteriores y Brauchitsch, comandante en jefe del Ejército. La política exterior agresiva del Führer es ya un hecho inminente.

EL ANTISEMITISMO ACTIVO

Con el avance de posiciones en política exterior, Hitler da un paso más en su política de exterminio contra el pueblo judío. El 15 de septiembre de 1935 ya había dictado las leyes de Nüremberg, que establecían la «ley de ciudadanía del Reich», a partir de la cual la población alemana se dividía en personas de primera y personas de segunda categoría. Los de primera categoría eran los verdaderos ciudadanos de Reich; los otros, sólo súbditos, eran los miembros de las minorías étnicas de sangre no germánica, a las que se les privaba de todo derecho constitucional.

Esta ley se complementó luego con otras: las «Leyes para la protección del pueblo y del honor alemán», que son las que prohibían los casamientos y las relaciones sentimentales de los arios con judíos. Al mismo tiempo, se veta a los hebreos el derecho a izar la bandera del Reich o emplear a personal de origen ario o viceversa. Estas leyes quedan establecidas y seguirán «perfeccionándose» en un incremento radical del racismo a medida que pase el tiempo. En los años anteriores al inicio de la guerra, se completan con 13 decretos más, con lo que los judíos quedan totalmente excluidos de la comunidad nacional alemana.

EL COMIENZO DE LA «LIMPIEZA ÉTNICA»

Sin embargo, Hitler y sus seguidores no están satisfechos. En 1936 el Führer crea dentro de la estructura de las SS el «Servicio para la solución de la cuestión judía», que será el órgano que dirigirá, controlará y centralizará el conjunto de agresiones y la persecución realizada contra la comunidad judía. La emigración de personas de origen semita se hace entonces masiva. La «Organización de los judíos alemanes», creada en 1933 y presidida por el rabino Baeck, intenta promover ciertas acciones defensivas frente al incremento de su agresividad antisemita, pero sus intentos legales se estrellan frente a la brutalidad de los hechos.

En 1938 Hitler culmina la política antisemita. Este avance de posiciones coincide con el que experimentan sus posturas belicistas y expansionistas en el plano internacional. El 28 de marzo de ese año decreta que todas las organizaciones de origen judío deben ser registradas en los órganos jurisdiccionales correspondientes, controlados todos ellos por el servicio de las SS. El 26 de abril se promulga que también deben hacerlo las fortunas superiores a cinco mil marcos. Deben también registrarse todos los comercios, negocios o industrias regentados por judíos. En julio se dicta el decreto en el que se promulga que todos los profesionales independientes de origen judío con títulos universitarios, como médicos, abogados y profesores, pierden su título académico. En septiembre del mismo año se dictamina que todos aquellos judíos que lleven un nombre alemán o que tengan algún otro nombre deben anteponer al suyo el de Sara si es mujer y el de Israel si es hombre. En octubre se les entrega a los judíos el pasaporte con una marca: la «J». Como culminación de esta serie de medidas se expulsa de Alemania, en ese mismo mes, a más de 17.000 judíos.

LA «NOCHE DE LOS CRISTALES»

Hitler también pasa de los preparativos legales e ideológicos a la acción concreta. Así es como se consuma el primer gran pogromo organizado por las SS. La excusa podía ser cualquiera. Esta vez, el pretexto es un atentado. En París es atacado el consejero y diplomático de la embajada alemana en esa ciudad, von Rath, por un joven judío de 17 años, perteneciente a una familia de deportados por Hitler. Tres días más tarde se inician los pogromos organizados por el servicio especial de las SS, en los que intervienen muchos alemanes nazis del NSDPE, de las propias SS y de las Juventudes Hitlerianas. En una sola noche, la que va del 9 al 10 de noviembre de 1938 se produce la llamada «Noche de los cristales». Los nazis incendian 300 sinagogas, que quedan totalmente destruidas; profanan todos los cementerios judíos y, en todas las ciudades alemanas, los negocios pertenecientes a judíos –industrias, comercios, tiendas y despachos– son arrasados. Los nazis asesinan en una sola noche a 40.000 judíos y las SS detienen a otros 25.000. La exclusión se completa con el inicio de la política de exterminio. El horizonte de Alemania se hace oscuro y esas tinieblas ya se tiñen de rojo.

Pero Hitler no culmina aquí su táctica. Quiere tener controlada la cuestión étnica antes de comenzar la definitiva agresión internacional. A los pocos días de la «Noche de los cristales», se dicta contra los judíos una orden de «Tributo Expiatorio», a través del cual el gobierno del Tercer Reich impone a toda la comunidad judía el pago de mil millones de marcos de indemnización, pues ellos son los culpables de los desmanes, ya que incitaron con su constante provocación la ira del pueblo alemán. Este Tributo Expiatorio contribuirá a pagar los daños materiales ocasionados. Junto con esta medida, los judíos son definitivamente excluidos de toda actividad económica, cultural o social de la vida alemana. Se les prohíbe frecuentar o asistir a actos y lugares públicos, tales como teatros, cines, restaurantes, parques, museos, etc. Ya no pueden realizar carreras universitarias, ni ningún tipo de estudio superior, y también se les prohíbe utilizar el transporte público.

Con estas medidas se abre paso a la persecución, exclusión y los primeros indicios de exterminio de los judíos. No está lejos lo que pasaría después. Todavía no ha comenzado la guerra y Alemania ya ha realizado la unidad y expansión de fronteras conseguida después del Sarre y Locarno, a través de la anexión de Austria, confirmada por un impresionante plebiscito a favor de ésta. Ha roto con la «humillación» alemana que suponían los tratados de paz de la Primera Guerra; y ha abordado la «cuestión judía», realizando una gran «limpieza étnica» en su territorio. La poderosa clase industrial y financiera está a favor de Hitler y apoya sus desmanes; el ejército lo respalda y las potencias europeas siguen el curso de los acontecimientos como si la cosa no fuera con ellas. En sus vacilaciones, justifican pasivamente la acción de Hitler, y no atinan a aceptar que la paz se ha roto y el horror se generaliza. Algo sucede en Alemania; algo sucede en Europa.

EL NUEVO NAPOLEÓN

LA CUESTIÓN AUSTRIACA

Austria significaba mucho para Hitler. Desde sus ya lejanos días en Viena, su frustración como artista en esta ciudad, su desprecio por la monarquía, su renuncia a ser primero soldado austriaco y luego ciudadano, le hacían tener un interés especial por la tierra que lo había visto nacer. Dominarla parecía tener el sentido de poder dominar su vida, y cumplir así con su destino de salvador de la especie aria. Miraba hacia Austria con afán de someterla y anexionarla a su Tercer Reich. Quería no sólo constituir el Reich de Alemania, sino el Reich de todo el pueblo germánico, más allá de las fronteras e incluso ampliándolas. Quería ser el amo del mundo, siendo esencialmente alemán. Buscó en Austria el primer vínculo con sus raíces para desentrañarlas y hacerlas suyas. Debía adueñarse de Austria como quien se adueña de su pasado, a través de un glorioso presente para luego, a partir de allí, comenzar su verdadera expansión.

Ya en 1934 había existido un golpe de Estado nacionalsocialista en Viena, que fue sofocado rápidamente. En ese momento, Hitler tenía una idea obstinada, como todas sus ideas, de que Austria debía ser una prolongación de la Alemania nazi. Creía, desde su juventud, que los alemanes austriacos tenían la desgracia de ser más austriacos que verdaderos germanos. Para él se habían convertido en una especie de suizos. Los nazis intentaron en ese momento hacerse con el poder desde Viena. El primer paso para reconstituir la identidad alemana era germanizar a los austriacos y recuperar Austria para Alemania. Por ello saboteó al Gobierno de entonces, capitaneado por un socialcristiano, Engelbert Dollfuss, a fin de lograr que los nazis austriacos dominaran la situación. El sabotaje contra este Gobierno se hizo desde Alemania y en la propia Austria. La propaganda fue descarada y aplastante. Hitler saboteó la economía austriaca por medio del turismo alemán junto a presiones políticas, ideológicas y económicas.

LA CAÍDA DE DOLLFUS

Dollfuss mantuvo una línea de independencia frente a Alemania. Hitler creyó poder vencerlo, pero no contó con las alianzas que los austriacos tenían con Mussolini. Todavía este último no era incondicional de Berlín y no veía con buenos ojos una unión austroalemana, que podía afectar los intereses italianos en la frontera con Austria. Hitler no podía convencer fácilmente a Mussolini de las ventajas que acarrearía para el Eje Roma-Berlín la nazificación de Austria. A pesar del terrorismo propagandístico ejercido en Austria, los nazis no lograban tener mucha implantación, ni en el Ejército ni en la sociedad. En Austria existía un poderoso grupo fascista armado, organizado por un ambicioso líder: el príncipe Starhemberg. Pero el hábil Dollfus fundó un nuevo partido para neutralizar a los fascistas y nazis austriacos y para luchar contra la socialdemocracia aún vigente en ese país: el Frente Patriótico. A su vez existían paramilitares nazis que estaban relacionados con Hitler y a quienes éste apoyaba. En medio de esta confusión, en julio de 1934, estalló la violencia.

Los nacionalsocialistas ocuparon la cancillería austriaca y apresaron a Dollfus. Pero el resto de las fuerzas de derechas vacilaron. El Ejército no se movió y el sector fascista creyó oportuno esperar hasta saber quiénes eran los verdaderos vencedores. Finalmente, el presidente de Austria ordenó reprimir el golpe al Ejército y la policía. En el transcurso de los enfrentamientos, Dollfus fue asesinado. Hitler, ante la magnitud desfavorable de los hechos, y haciendo gala de su oportunismo político, retrocedió dando su desaprobación al golpe de Estado. Pero su idea de anexión a través de un movimiento nazi en Austria siguió en pie. Esta vez, el camino se hallaría abierto en 1938.

NEGOCIACIONES Y CHANTAJES

A finales de 1937, Von Pappen, embajador alemán en Viena, arregla una entrevista entre el canciller austriaco Schuschnigg e Hitler. Seyss-Inquart, un dirigente nazi de prestigio, haría de intermediario. El Führer intimida y amenaza al canciller en el transcurso de la reunión que se lleva a cabo en febrero de 1938, y logra su primer éxito: el apoyo total de Austria a la política exterior del Tercer Reich. Además, el partido nacionalsocialista austriaco sería legalizado y amnistiados los radicales de 1934; se establecerían estrechas relaciones entre los dos ejércitos y, por último, Seyss-Inquart se haría cargo del Ministerio de Interior vienés.

Estos acuerdos abren para Hitler la posibilidad de no usar la violencia en Austria, un punto a favor en su política exterior, y para seguir acumulando fuerzas y neutralizando a sus vecinos europeos. Pero el canciller austriaco no está conforme con los planes de Hitler. Propaga entre sus seguidores y hace públicas las presiones a las que había sido sometido por el Führer y convoca a un plebiscito al pueblo, para marzo de 1938, a fin de reforzar una Austria independiente, libre y cristiana. Hitler amenaza con invadir Austria si el plebiscito es llevado a cabo.

LA OCUPACIÓN DE AUSTRIA

Después de grandes dudas y en medio de muchas vacilaciones, presiones y contradicciones, el 12 de marzo de 1938, las fuerzas alemanas entran en Austria y son recibidas con un entusiasmo insospechado por parte de la población civil. No hay ningún tipo de resistencia de ningún sector político. La anexión de Austria queda consumada ante una Europa paralizada y perpleja. Esta anexión –Anschluss– se ve respaldada en un plebiscito que los nazis convocan en el mes de abril y en el que obtienen una rotunda victoria política. Las protestas de Francia y de Gran Bretaña son débiles y apenas hallan eco en Berlín. Hitler no hace más que reafirmar la confianza en su política expansionista. Siente que el sueño de la Gran Alemania está al alcance de sus manos.

ESTRATEGIA BELICISTA Y DIPLOMACIA

Hitler refuerza la confianza en sí mismo y en sus planes bélicos. Ahora, el problema que debe resolver es Checoslovaquia. Allí viven tres millones de alemanes, a los que hay que recuperar para la causa del Führer. Gran Bretaña y Francia saben que Alemania puede invadir Checoslovaquia, y lo quieren impedir a toda costa. Los planes de Berlín no le parecen del todo claros ni tampoco la estrategia global del propio Hitler. Se empiezan a barajar medidas prácticas, en cuya discusión y diseño intervienen también los soviéticos. Franceses y soviéticos suscriben diversos acuerdos, sobre todo después de los que estableció Alemania con Polonia. Pero los ingleses quieren ser conciliadores y no se atreven a presionar de una forma demasiado coactiva. Creen todavía en la posibilidad de diálogo con la Alemania nazi, que existen puntos y oportunidades de negociación y que los acuerdos son aún posibles para neutralizar las ambiciones estratégicas de Hitler. Chamberlain, en 1938, promueve el mantenimiento de la paz, usando los innumerables recursos de la diplomacia.

Quiere evitar, por todos los medios, el conflicto con Alemania. El punto de vista del gobierno británico es que la guerra puede sumir a Europa en una tragedia. Sólo se la podrá eludir si se convence a Hitler de que puede lograr sus objetivos por medio de las negociaciones, sin apelar a las armas. Pero las reivindicaciones del Führer no terminan donde cree Chamberlain.

LA CESIÓN DE LOS SUDETES

Sin embargo, los ingleses no están dispuestos a subordinar a Gran Bretaña al arbitrio de Alemania, y menos a que Berlín asuma la hegemonía de toda Europa. Las contradicciones están servidas y ahogarán en un continuo devaneo, lleno de pasividad vergonzante, a los gobiernos europeos. Esta pasividad es justificada por Chamberlain por la necesidad de no entrar en guerra. No se puede defender a Checoslovaquia, pues no se tiene la suficiente fuerza militar. Además, la opinión pública de Europa occidental estaría en contra de arriesgar vidas en tamaña empresa. Londres cree que hay una manera de acceder a las aspiraciones de Hitler, sin que toda Europa caiga bajo el dominio alemán: ceder a Hitler los Sudetes, territorio checo poblado por alemanes. Chamberlain sostiene que éste constituye un elemento de la negociación que dejará satisfecho al Führer y alejará el peligro de una guerra.

El territorio de los Sudetes, en donde vivían los tres millones de alemanes, era una vieja reivindicación nacionalsocialista. Allí estaba asentado el partido nazi, una verdadera quintacolumna encargada de presionar a los checos desde dentro. Las presiones solían ser tan fuertes que parecía poco probable un acuerdo entre checos y alemanes. Las peticiones de sus propios nacionalsocialistas eran inaceptables para el gobierno checo. Mientras tanto, Hitler da, en mayo, la orden secreta de atacar a Checoslovaquia y plantea claramente, ante los mandos del ejército, sus intenciones de invadirla y destruirla de inmediato. Estas declaraciones provocan confusión en el Estado Mayor del ejército alemán. Las posiciones son contradictorias y desembocarán en una crisis entre los cuadros militares.

Los ingleses se enteran de los planes de Hitler, pero los justifican como si sólo se tratase de un intento más de presión. No creen que se trate de una invasión armada a los Sudetes. Sin embargo, le llegan a Hitler avisos, de parte de Francia e Inglaterra, de que cualquier acción bélica en Checoslovaquia podría conducir a la guerra. El movimiento de tropas es incesante. El movimiento político también. Los alemanes inducen a la opinión pública a creer en una presunta opresión ejercida por parte de los checos sobre los Sudetes alemanes. En medio de este clima, Hitler, hábil demagogo y haciendo uso de su arma arrojadiza más infalible, la oratoria, lanza un inflamado discurso ante el congreso del partido nazi celebrado en la ciudad de Nüremberg en el mes de septiembre de 1938. En su proclama pide la autodeterminación de los alemanes de Checoslovaquia y no escatima la oportunidad para proferir amenazas de todo tipo.

EL PACTO DE MUNICH

Los esfuerzos ingleses por mediar entre checos y alemanes caerán en saco roto. Ahora, para evitar la guerra, la política británica tenía necesariamente que pasar por el hecho de que los checos aceptaran las reivindicaciones nazis. Si la diplomacia inglesa y francesa no conseguían ejercer efectivamente esta presión sobre los checos, Hitler invadiría el país y con esa excusa se anexaría todo el territorio. El Führer otra vez se impone ante ingleses y franceses y, en su entrevista con Chamberlain, llega a un acuerdo. Lo convence de que los territorios de los Sudetes es su última reivindicación territorial. Los gobiernos inglés y francés no tienen la intención de defender a Checoslovaquia e intentan convencer a ésta de que no puede sola hacer frente a Alemania. Si lo hace, podría provocar una guerra generalizada.

Pero Hitler tiene intenciones más ambiciosas. Deja correr los días hasta que el 1 de octubre de 1938 logra el llamado Pacto de Munich, suscrito por Mussolini, Chamberlain y Deladier. A través de este acuerdo obtiene la cesión a Alemania del territorio de los Sudetes. Chamberlain, con la declaración anglo-alemana de no agresión en el bolsillo, y Deladier, con la franco-alemana de reconocimiento definitivo de las fronteras con Francia, creen haber conseguido frenar definitivamente la expansión territorial de la Alemania nazi.

AJUSTES EN EL FRENTE INTERNO

Sin embargo, Hitler tiene igualmente la intención de invadir y destruir Checoslovaquia. La conferencia de Munich es un paso que da para ganar tiempo y tantear a sus adversarios. No está seguro de la no participación de Inglaterra y Francia si mueve sus piezas sobre Checoslovaquia. Una respuesta inesperada de ambas lo llevaría a una guerra a la que Alemania no está dispuesta y que, sobre todo, encuentra aún ciertas resistencias en su Ejército. El Estado Mayor del ejército alemán se opone a los planes de Hitler. Las relaciones de éste con las Fuerzas Armadas no son del todo fáciles. Después de Munich, consigue estar presente en el territorio de los checos alemanes aunque de una manera pacífica. Esto es conveniente para sus planes. Mientras tanto, se plantea realizar una labor de homogeneización dentro de su propio ejército. Esta razón fue la que detuvo, por un tiempo, los planes de la invasión bélica inmediata.

Los altos mandos militares del ejército alemán no veían con buenos ojos la invasión a Checoslovaquia. Cuando Hitler había expuesto estos planes, en mayo de 1938, el jefe del Estado Mayor, Ludwig Beck, se opuso totalmente. Tuvo que dimitir en agosto del mismo año. ¿Qué pasó en esos meses? Beck hizo varios movimientos dentro de la estructura de los altos mandos. Intentó convencer a distintos generales y al comandante en jefe de que los planes de Hitler eran propios de un demente. El ejército alemán, según él, no podía arriesgarse a desencadenar una guerra en la que inevitablemente entrarían Rusia, Francia e Inglaterra. Pero el Führer, impertérrito, seguía con sus preparativos de aplastar mediante la guerra a Checoslovaquia. Beck consigue por fin, en agosto, reunir a todos los generales y comandantes para redactar un ultimátum que impidiera a Hitler concretar sus objetivos.

Junto con este ultimátum, los altos mandos quieren conseguir frenar el avance de Hitler, de los jefes del partido nazi y de las SS en la estructura del ejército alemán y, sobre todo, en la dirección estratégica. Pero Beck no tiene la suficiente fuerza de convicción para que los demás generales le hagan caso. Hay contradicciones entre los altos mandos. Sus opiniones sobre el Führer son diversas. Los menos, incluso, lo admiran como estratega militar y creen en sus doctrinas. Otros las rechazan, aunque piensan que Hitler puede conseguir victorias muy importantes para Alemania. Algunos sostienen que el Führer está rodeado de malos consejeros y que la política expansionista es fruto de un mal asesoramiento. Otros creen que está loco y que llevará a Alemania a un desastre total. Pero la reunión no fructifica y Beck se ve obligado a renunciar a su cargo.

LA UNIFICACIÓN POLÍTICA DEL EJÉRCITO

Sin embargo, la dimisión de Beck tiene un eco imprevisto. Hay generales que quieren decididamente frenar a Hitler y destituirlo. Se elabora un plan de golpe de Estado entre oficiales que tienen tropa bajo su mando. Entre los generales que figuran en esta línea de acción están Von

Wittzleben, comandante de las tropas de Berlín; el conde Von Brockdorff-Ahlefeldt, de Postdam; el conde Helldorf, jefe de la policía de Berlín, y el general Hoepner, entre otros. Estos conspiradores creen que el pueblo alemán no quiere la guerra. Por ello, pretenden demostrar que Hitler intenta la destrucción de Checoslovaquia por la violencia y que ello acarrearía una guerra con las potencias occidentales. Están decididos a enfrentarse al Führer y para ello mandan a un emisario a Londres, Von Kleist, con el fin de lograr apoyo para su causa y una firme postura por parte de la comunidad internacional frente a los planes de Hitler. Pero el Pacto de Munich desbaratan los planes. Retrasa la destrucción de Checoslovaquia y desmiente las acusaciones de que Hitler está dispuesto a recurrir a la guerra para obtener sus objetivos políticos.

El Pacto de Munich le permite a Hitler convencer a los altos mandos de su ejército y unificarlo en aras de su estrategia. El peso de sus jefes SS en la conducción militar debe afianzarse. Avanza en los objetivos que se ha fijado, en medio de sus enfermedades; más allá de todas las oposiciones internas y externas, y logra convencer y arrastrar tras su aparente locura a todo un pueblo, neutralizando a las potencias europeas y consolidando sus «razones». De este modo, Hitler allana el camino para extender su poder a límites inauditos.

UNA INVASIÓN ANUNCIADA

Sin embargo, Hitler no está solo ni es el único pilar del poder nazi. En abierto apoyo a la política expansionista y bélica, se halla la poderosa clase industrial y financiera alemana, que desarrolla su poder económico a través de la industria armamentista que el Führer promueve con su espíritu bélico. Existe también una clase media que, en su mezquindad, aprueba el proyecto hitlerista, porque cree que su propia estabilidad depende de él. Por su parte, las potencias occidentales, para las que el régimen alemán es una especie de «cordón sanitario» frente a la revolución bolchevique, ceden ante los «caprichos» del Führer. Finalmente, los grandes capitales creen que ha llegado la hora de repartir de nuevo el mundo y sus mercados, sus materias primas y su mano de obra, ya obsoletos. Al fin y al cabo, la Primera Guerra Mundial no ha sido un mal negocio. ¿Por qué no invertir en una nueva contienda?

Un fantasma recorre Europa, el de la guerra que se avecina. Sus causas son diversas. Son económicas, políticas, ideológicas, sociales, geopolíticas y algunas hasta azarosas. Encabezando los vientos de la historia y de su tragedia, se erige la figura de un nuevo Napoleón. Los pasos que ha dado desde 1937, y el que dará en Checoslovaquia en 1939 son los decisivos y aceleran el desencadenamiento de la Segunda Guerra Mundial.

LOS SUDETES... Y MUCHO MÁS

El 21 de octubre de 1938, Hitler da la orden secreta de ocupar el resto de Checoslovaquia. Necesita unos meses para liquidar resquemores dentro de sus propias filas y también dentro de la misma Checoslovaquia. Quiere hacer las cosas limpiamente, pues esto le ayudará a asegurar su futuro dominio total de Europa. No puede precipitarse, aunque el plan ya está claramente diseñado. Después de las últimas dimisiones, su ejército le responde dócilmente.

La dirección del Alto Mando de las Fuerzas Armadas, bajo el mando del mariscal de campo Wilhelm Keitel, ha conseguido unificar políticamente la cadena jerárquica a lo largo de todo el año 1938. Los conatos de conspiración son ridículos e insignificantes frente al poder que despliega Hitler. Mientras tanto, tras el éxito de su política exterior reflejada en el Pacto de Munich, Hitler afianza la relación con Hacha, el presidente checoslovaco y Shwalkowski, su ministro de Asuntos Exteriores. Los meses que corren entre octubre de 1938 y marzo de 1939 dan la apariencia de un real y efectivo apaciguamiento.

EL «DICTAT» DEL FÜHRER

A fines de 1938 el Führer diseña definitivamente la ocupación de Checoslovaquia. Tiene que tener el aspecto de un acuerdo mutuo con los checos, como si se tratara de una acción pacífica y no de una maniobra bélica. Hitler no tiene ninguna prisa, ya que día a día, semana tras semana, logra someter más y más al gobierno checo al *diktat* de su política. La operación no debía aparecer ante el mundo occidental como un plan de conquista, sino que tenía que ser parte del mismo espejismo que había inaugurado un año antes el Anschluss austriaco. Hitler es un artista del simulacro. Construye sus fuegos de artificios como un proyecto arquitectónico, mediante el cual amaga, finge, simula, hace galas de una ostentosa pirotecnia, pero, al mismo tiempo, se muestra razonable y hasta inofensivo. Eso sí: como un desconcertante actor, que es su propio director y productor, Hitler rubrica cada una de sus obras con una sutil o a veces descarada amenaza. Cada vez que se alza el telón, el mundo advierte cómo avanza el nazismo, se evapora la paz y se hace más real y efectivo el horror.

En sus reuniones con los representantes del gobierno checo, Hitler comienza a poner de manifiesto su contrariedad ante la independencia de Checoslovaquia en general y con el movimiento independentista eslovaco en particular. Las desaveneniencias internas entre los líderes checos y eslovacos le venían muy bien a Hitler, quien, atento a las desaveniencias internas checas, espera un momento crítico para intervenir. El 10 de marzo se produce la crisis. El gobierno de Praga destituye al primer ministro eslovaco por sus presuntas alianzas con el movimiento independentista de Eslovaquia. Hitler aprovecha el momento para manifestar que la integridad y unidad checa corre un serio peligro de destrucción. ¿Quién si no él puede garantizar la paz interna en Checoslovaquia?

El mago articula definitivamente su tramoya. Para empezar, presiona a las fuerzas armadas checas para que acepten la invasión alemana y establece condiciones militares al gobierno de Praga para que no se oponga a una ocupación general del territorio; da instrucciones para acentuar al máximo el clima de desestabilización, provocando diversas manifestaciones antialemanas entre la población civil; presiona a los húngaros para que invadan Rutenia a fin de intimidar a los eslovacos; y ordena, por último, a los líderes eslovacos que proclamen su independencia de los checos. Hitler utiliza aquí una vez más una de sus armas favoritas: el chantaje. Si los eslovacos no hacen aquello que el dictador desea, caerán en manos de los húngaros. De este modo, Hitler ordena que sus tropas avancen: el objetivo que se hace público y que justifica toda la operación es simple: se trataba, diría Hitler, de restaurar el orden y restablecer la unidad del país.

LA CAÍDA DE CHECOSLOVAQUIA

Pero los gobernantes checos quieren negociar con Hitler, aunque sólo sea para salvar su honor y parte de la independencia del país. El Führer, como siempre, es un gran manipulador de la debilidad del adversario. Cuando Hacha y su Ministro de Exteriores llegan a Berlín, el ejército alemán ya ha invadido Checoslovaquia. Los dos representantes del gobierno checo intentan persuadir a Hitler de que deje independiente la zona de Moravia y Bohemia. De nuevo Hitler da un paso más, descolocándolos.

El 15 de marzo, el presidente Hacha firma un documento, obligado por la situación y el alcance de los hechos, en el que confía la suerte de su pueblo y el país entero al Reich alemán. Las tropas alemanas entran en Praga ese mismo día. Al día siguiente, Hitler firma un tratado con Hacha para la creación del protectorado de Bohemia y Moravia, a partir del cual el gobierno checo tiene una autonomía restringida y controlada por los delegados del Tercer Reich. El 23 de marzo, Alemania anexiona Eslovaquia y el ejército alemán entra en el territorio de Memel, en Lituania. La invasión culmina así como Hitler la quiso. Entretanto, las potencias europeas siguen pasivas, imaginando nuevos malabares para impedir una guerra que ya ha comenzado.

EL GUERRERO SIN REPOSO

LA CUESTIÓN POLACA

El dia 23 de marzo se cierra la crisis de Checoslovaquia, pero otra crisis se está gestando entre bastidores. Hitler había llegado a firmar un tratado bilateral con Polonia en el año 1934 y había mantenido, en general, una relación amistosa con los gobiernos polacos. Sin embargo, después de la experiencia checa ya nadie confía en él y mucho menos en los nacionalsocialistas. Los polacos saben que puede haber problemas derivados de una vieja reivindicación alemana subsanada tras los acuerdos de Versalles. Se trata de la zona de Dantzig y el corredor polaco con salida al mar. Estas reivindicaciones comenzarán a manifestarse en el mes de octubre de 1938 a través de Ribbentrop.

El dia 21 de marzo, cuando todavía se hallaba en plena efervescencia la crisis checa con los eslovacos, Berlín formula las primeras exigencias a Polonia acerca de la anexión de Dantzig a Alemania. Varsovia rechaza inmediatamente y con contundencia las pretensiones del Tercer Reich. Sólo cinco días después, el 26 de marzo se rompen las negociaciones entre ambas partes.

LA FIRMEZA DE POLONIA

Hitler no sólo pretendía que Polonia le cediera Dantzig, sino un corredor extraterritorial entre la Prusia oriental y el territorio del Tercer Reich, medidas que deberían estar consagradas por un acuerdo definitivo que garantizase las fronteras germano-polacas. Las amenazas del Führer, esta vez, parecían no tener un efecto contundente sobre Polonia; tampoco lo habían tenido sus juegos de intriga y confabulaciones en relación a un nuevo artilugio: el separatismo ucraniano y la presunta amenaza que constituía éste para la integridad de Polonia. Los polacos no caen en el chantaje y no se dejan intimidar especialmente por el eventual apoyo que Hitler pueda brindar a una política ucraniana hostil a Polonia.

La actitud decidida de Varsovia sorprendía cada vez más a los nazis. Entonces, Hitler amenaza a Lipski, el embajador polaco en Berlín, con un ultimátum. La respuesta polaca es firme. El Führer nunca se había topado con semejante actitud. El 29 de marzo, el coronel Beck comunica al embajador alemán en Varsovia que cualquier movimiento o violación sobre la soberanía de Danzig equivalía a la guerra con Polonia. La respuesta es clara y consistente: no hay lugar para más negociaciones.

Los alemanes estaban muy cerca de Danzig, nada menos que en Memel, la zona lituana abierta al mar de la Prusia oriental. Ribbentrop, vocero de Hitler ante los polacos, sugiere que éstos han rechazado una oferta muy generosa por parte del Führer, oferta que nunca más se repetiría. En efecto, Hitler se mostraba muy cauteloso en sus exigencias con Polonia. Siempre había querido llegar a un acuerdo definitivo con este país, porque le aseguraba una estabilidad estratégica frente a Rusia y a Francia. Desde el punto de vista nacionalista, estas exigencias proporcionaban las bases de un acuerdo global y definitivo en el zarandeado tema de las fronteras germano-polacas.

HITLER GANA TIEMPO

Sin embargo, si bien veían que su seguridad podía aumentar en un acuerdo con Alemania, los polacos no se fiaban de que las pretensiones territoriales de Hitler acabaran en Danzig y el famoso corredor; por otro lado, esta operación podía significar convertir a Polonia en un simple satélite del Tercer Reich. El pueblo polaco mantendría su independencia y no estaba dispuesto a sacrificarla bajo ningún pretexto. Antes de que terminase el mes de marzo, Hitler elabora su plan de acción bélico contra Polonia. Pero las posibles alianzas de ésta con Inglaterra detienen una intervención inmediata. No puede resolver el problema de Danzig por la fuerza. Es muy arriesgado. Los franceses e ingleses se proclaman garantes de la seguridad de Polonia, porque ya han constatado que Hitler no cumplió los Pactos de Munich. Además, los ingleses declaran nulo el tratado naval que habían firmado con la Alemania nazi.

Hitler prepara el ataque a Polonia, pero quiere esperar el momento más favorable, una circunstancia que asegure la limitación de la guerra sólo a su contencioso con Polonia. Dadas las relaciones de fuerzas europeas, encontrar dicho momento era muy difícil para el Führer. Se halla nervioso y enfermo. Una vez más, cuando no puede resolver un problema, su neurosis obsesiva se agudiza. Se vuelve más irritable, porque no puede tolerar que lo contradigan, y menos unos «vulgares polacos». Ante la adversidad se pone frenético e resulta inaguantable para sus colaboradores. Su médico de cabecera le recomienda un descanso. Se marcha a reflexionar a Berchtesgaden acerca de la cuestión polaca y prepara su acción fortaleciendo, como es habitual en él, el frente interno. Ante todo, debe convencer primero a sus oficiales de la necesidad de atacar Polonia en la primera oportunidad que se presente.

Cuando vuelve a Berlín, después de sus cortas vacaciones, da por sentado ante los altos mandos de su Estado Mayor que Polonia es un enemigo peligroso al que hay que neutralizar y anular inmediatamente con una gran acción armada. Su arrogancia no tiene límites. Piensa enfrentar con éxito cualquier política coactiva por parte de Inglaterra. Despliega entonces su política exterior, consolidando su alianza con Italia a través de un pacto de amistad. Sería llamado el «Pacto de Acero», y se firmaría el dia 22 de mayo de 1939. Entre mayo y junio, Hitler suscribe pactos de no agresión con Estonia, Letonia y Dinamarca. Esta política de neutralización de los vecinos del Este alcanza su punto culminante con el Pacto de no agresión germano-soviético, cuyas cláusulas secretas, delimitando lo que serán las zonas de intereses mutuos en Europa oriental, deja abierto por completo el camino de la guerra en agosto de 1939.

LA EXTENSIÓN DE LA GUERRA

Con el apoyo de los ingleses, los polacos se sienten más seguros y creen poder disuadir a Hitler de sus intentos de agresión. El verano de 1939 ya huele a guerra; todos respiran este clima que amenaza a Europa. La crisis entre Alemania y Polonia así lo sugiere. La firmeza de los polacos vuelve loco al Führer, acostumbrado a que nadie lo contradiga. Debe mantener la iniciativa. El compromiso de Inglaterra con Polonia era una carta de aviso muy importante, que podía detener sus avances expansionistas en Europa. Si se apresuraba en esta partida, podía ganarle de mano a Inglaterra. Se convence a sí mismo de que los británicos no se arriesgarán a entrar en guerra con Alemania por la cuestión polaca. Debe tomar cartas en el asunto; debe realizar con rapidez el movimiento de las piezas necesarias para asegurar su dominio.

Tiene la decisión tomada. No puede confiar más en Polonia y tiene que doblegarla por la fuerza. No puede esperar más. Por eso, en septiembre, firma el tratado de amistad con los soviéticos. Es la garantía de que los rusos no intervendrán en la guerra. La jugada es maestra: que los rusos dejen libre al Führer para actuar en Polonia y él dejará libre a los bolcheviques –sus enemigos de toda la vida– para que puedan ejercer su hegemonía en otras zonas. Stalin e Hitler, por su parte, desde posiciones antagónicas y a espaldas de sus respectivos pueblos, se conceden un margen de libertad mutua en una alianza que luego, como todas las restantes, caerá por su propio peso. Hitler no se caracteriza por ser fiel a su palabra. No cumple los acuerdos a los que llega y, constantemente, es contradictorio en sus propios puntos de vista. Sólo es fiel a sus delirios de poder. Stalin, por su parte, cansado de que las cancillerías occidentales lo consideren a él y al comunismo un enemigo más peligroso que al Führer y al nazismo, decide actuar por su cuenta, aun a costa de sus principios ideológicos.

LOS PLANES DE INVASIÓN

Hitler está dispuesto a arriesgarse a entrar en guerra con Inglaterra y con Francia con tal de cumplir con sus objetivos y doblegar a sus adversarios polacos. Pero no considera probable que esto suceda. Todavía cree que si actúa hábilmente, podrá neutralizar la probable acción de los ingleses y franceses. Cree en la ecuanimidad de su acción y también está convencido de que el pueblo alemán lo seguirá en su empeño. Si Polonia no accede a los reclamos del Tercer Reich, ella será, con su negativa, la agresora. En sus maquinaciones, Varsovia no es quién para oponerse a una reivindicación justa del pueblo alemán. El tramoyista vuelve a hacer sus cábalas. La realidad tiene forzosamente, que obedecer a su interpretación y no al revés. El Führer diseña su estrategia como antaño se entretenía diseñando los monumentos antiguos de Munich y Viena. Así se comporta cuando analiza las relaciones de fuerza internacionales. Mueve las piezas del tablero como si sus adversarios fueran dirigidos también por él y no calcula que algunos de ellos tienen pensamiento y acción propia.

La primera fecha de invasión a Polonia la fija para el 26 de agosto, pero la suspende para asegurarse, antes, la neutralidad de Stalin. El pacto de amistad es rubricado el 27 del mismo mes. En esos días se juega la última partida. Inglaterra y Francia intentan mediar para que no se desencadene lo que ya es inevitable. Aunque la primera orden de ataque es suspendida, la decisión de Hitler ya reviste un carácter irrevocable. Nuevos intentos de Londres lo llevan a suspender por unos días más la invasión, a fin de lograr que la alianza firmada el 25 de agosto entre los ingleses y los polacos quedara sin efecto. Al mismo tiempo, intenta garantizar, por añadidura, la neutralidad francesa. En un momento dado también intenta conseguir que sean los italianos, con Mussolini a la cabeza, quienes desencadenen el ataque contra Polonia, pero el Duce se muestra reticente, entre otras razones, porque el pueblo italiano, aunque se halla embarcado en la aventura del fascismo, no está tan fanatizado como el pueblo alemán, y al mismo tiempo la oposición política interna en Italia aún es bastante fuerte.

Hitler fija la fecha de la invasión para el 1 de septiembre e insiste en que debe ser llevada a cabo ese día argumentando que, según sus cálculos, de no realizarse entonces Polonia se perderá. A pesar de la probable intervención occidental, el Führer ya ha decidido mover sus piezas definitivamente y comenzar una partida que está convencido de poder ganar. El cielo de Europa vuelve a oscurecerse. El dia 3 de septiembre de 1939, Gran Bretaña, Australia, India, Nueva Zelanda y Francia declaran la guerra a Alemania.

LA *BLITZKRIEG* HITLERIANA

En la campaña de Polonia, Hitler demostró cuál era su táctica preferida en materia militar. Se trata de la *blitzkrieg* o «guerra relámpago», por medio de la cual se aprovecha el desconcierto del adversario para asestar el golpe. De esta manera, el ataque es mortífero, pues deja paralizado al ejército y a la población enemigos.

En función de este nuevo estilo de hacer la guerra, Polonia es ocupada rápidamente. La experiencia polaca muestra a las claras lo que vendrá después. En menos de un mes, Varsovia es sometida totalmente y el Tercer Reich se erige en el autor del Nuevo Orden polaco. La superioridad numérica de las tropas alemanas hace que el deseo de Hitler se convierta en realidad. Los contingentes germanos eran superiores en número de aviones, en artillería y en infantería. El factor sorpresa hizo el resto. El ultimátum de Inglaterra y Francia no tiene ningún eco. Tampoco intimida a Berlín su declaración de guerra. El 29 de septiembre, las tropas alemanas controlan todo el territorio polaco. Mussolini, en un arrebato teatral de autonomía frente a Berlín, no quiere entrar todavía en esta aventura que considera descabellada y declara su no beligerancia.

Las medidas del «nuevo orden de Hitler» se imponen rápidamente. Alemania anexiona Dantzig y todos los territorios que había cedido a Polonia tras la Primera Guerra Mundial. De este modo, algunas regiones pasan a formar parte de Silesia y otras de Prusia oriental. Una vez desmembrado el territorio polaco, se nombra para el resto del país un Gobernador General que depende de las órdenes del Ministro de Exteriores del Führer. Los efectos no tardan en sentirse. Su objetivo es el total sometimiento de los polacos. La represión no se hace esperar. A partir de octubre, mes en que Hitler se hace con Polonia, comienza el exterminio de intelectuales en general, especialmente de los progresistas. Las universidades y escuelas superiores son cerradas y los judíos perseguidos. Todo aquél que no obedece las órdenes del Führer es rápidamente condenado a trabajos forzados. La «guerra relámpago» hitleriana da sus primeros frutos.

Sin embargo, este tipo de guerra no es una simple táctica bélica. Se trata, ante todo, de una estrategia político-militar. Hitler desea la guerra relámpago porque sabe que Alemania no puede soportar una guerra

Una de las pocas fotografías de ámbito familiar que se conocen de Hitler es ésta, tomada en el año 1941, en la que se ve al dictador junto a Eva Braun paseando unos perros. (Foto: Camera Press / Zardoya)

larga. El tiempo no está a su favor. Para triunfar, debe realizar sus movimientos con total prontitud. Es necesario que el dominio de Europa sorprenda al resto del mundo. Para neutralizar a Estados Unidos y a la Rusia soviética, debe dominar Europa antes de que puedan intervenir contra él y su régimen. La *blitzkrieg* hitleriana era la garantía de dominio, hegemonía y también de consolidación del régimen nazi.

EL TRIUNFALISMO INICIAL

Tras la ocupación de Polonia, las potencias occidentales llegan a la conclusión de que no se puede permitir que el Tercer Reich domine Europa. Sus planes quedan al descubierto totalmente y la pasividad oportunista de Inglaterra y Francia tendrán un costo muy alto. La expansión alemana en el Este y el Centro del Viejo Mundo era sólo el prólogo de un expansionismo mayor. Ahora, la pasividad ya no era posible. Había que atacar a Hitler y denunciar la esencia de su régimen totalitario y el peligro que éste representaba para Europa. Inglaterra y Francia se deciden a dar el paso que debían haber dado tiempo atrás.

Hasta la Batalla de Francia, la guerra se caracterizó por la táctica hitleriana de «guerra relámpago». Los historiadores coinciden en afirmar que esta primera fase, que se extiende hasta junio de 1940, estuvo dominada por la ofensiva de Hitler y su iniciativa militar. El *¡Heil Hitler!* se extiende por Europa, ocupando espacios territoriales y convirtiendo el sueño pangermánico de los años de juventud del Führer en una realidad tan aplastante como su propio régimen. Las victorias europeas de Hitler inducen al horror a la población del mundo. Sin embargo, muchos se alinean con los nazis, porque el Führer aparece como un genio iluminado que convence con sus victorias. El fuego de la guerra se extiende y traspasa las fronteras europeas.

LA EXPANSIÓN HACIA EL NORTE

El 6 de octubre de 1939, Hitler toma de nuevo la iniciativa diplomática, ofreciendo a Francia e Inglaterra una paz negociada, con la que pretende el reconocimiento del «nuevo orden polaco». Esta «generosa oferta» es rechazada por ambas potencias. Entretanto, Hitler aprovecha otro frente circunstancial para reafirmar su pacto con los soviéticos. Éstos entran en guerra con Finlandia por un problema territorial. Hitler, con esta ventaja adicional, está tranquilo por el este y puede moverse con tranquilidad por el oeste y el norte. Debe asegurarse el dominio de Europa y la neutralidad de Inglaterra, conteniéndola por el mar. En diciembre de 1939, aprovechando la guerra entre finlandeses y soviéticos, elabora su plan para invadir Dinamarca y Noruega. Necesita una base amplia para atacar a gusto por el norte. Además, debe asegurarse los recursos minerales de los países nórdicos. Los aliados estaban ayudando a Finlandia con el fin de bloquearle los suministros de minerales suecos, sobre todo de hierro. No podía perder la capacidad de iniciativa y la rapidez de acción.

El 9 de abril de 1940, en una acción combinada aérea, naval y terrestre, el Ejército del Tercer Reich ocupa Dinamarca sin hallar ningún tipo de resistencia. Hitler y sus altos mandos toman así la delantera ante cualquier acción aliada y, entre abril y junio del mismo año, las fuerzas hitlerianas invaden Noruega. Los aliados tienen que irse de la zona y reembarcar a sus tropas. Las ciudades de Copenhague, Oslo, Stavanger, Bergen, Trondheim y Narvick, entre otras, quedan en manos de los nazis. Sin embargo, Hitler no llega a un acuerdo total con sus generales. Los cuadros del Ejército alemán no tienen intención de entrar en guerra con Inglaterra y Francia; no quieren hacerlo porque suponen que Alemania se puede embarcar en una aventura trágica. Hace una trabajo de convencimiento y de artilugios constantes para homogeneizar el espíritu de cuerpo de sus mandos. Para ello, debe basarse en la rapidez de decisiones y de acción. Hasta ahora, las victorias y la hegemonía alemanas parecen darle la razón. Pero Hitler también sabe que Alemania no podría soportar una guerra larga y prolongada, ni en el plano militar ni en el económico. Sería su fin.

HOLANDA, LUXEMBURGO Y BÉLGICA

Por ello, mientras se desarrolla la campaña en los países nórdicos, comienza la campaña hacia el oeste con el inicio del ataque a Holanda, que capitula el 15 de mayo. Sigue con Luxemburgo y Bélgica, ocupándolas el 28 de mayo. Esta ofensiva abarca distintos aspectos: ampliar territorialmente su poder en Europa; disuadir a Inglaterra neutralizando su posible acción desde bases cercanas a su territorio; y evitar un posible ataque de los franceses.

Pero Hitler no puede detenerse. Las cartas están echadas y debe ocupar Francia como consecuencia lógica del desarrollo de los acontecimientos. Ya no es del todo dueño de su acción. Los hechos desbordan a todos y a él mismo. Ahora es la realidad y la velocidad de la guerra lo que marca las decisiones. Hitler sabe que ya no hay vuelta atrás. Inglaterra debe aceptar su dominio de Europa o tendrá que seguir avanzando hasta doblegar a los ingleses. ¿Podrá hacerlo? En el fondo, la guerra contra Inglaterra no le entusiasma. Preferiría tenerlos neutralizados. Por lo ingleses siente un respeto especial que guarda por los demás. Se le plantean grandes contradicciones cuando tiene que actuar contra ellos. Le ponen nervioso y se descontrola ante la inseguridad que le provocan.

LA BATALLA DE FRANCIA

La invasión de Francia dura desde el 5 de junio hasta el 22 del mismo mes, fecha en que Francia capitula ante el Tercer Reich. El 14 de junio, las fuerzas alemanas ocupan París, atraviesan el río Loira y llegan 3 días después a la frontera con Suiza. El 20 de junio alcanzan por fin la costa del Atlántico. Logran así dominar militarmente a Francia, de este a oeste. Hitler arranca el Armisticio mediante la firma de un tratado de paz con Francia, por el cual ésta queda dividida. Por un lado, se establece la zona ocupada por el ejército y la administración del Führer, por el otro, el régimen francés de Vichy, con Pétain a la cabeza. El Ejército alemán somete totalmente al Ejército francés a sus mandos. Así, Francia queda momentáneamente desarmada, aunque se gestará, en la sombra, las redes de la resistencia frente la ocupación alemana. Hitler no cuenta todavía con ello. Sí cuenta con que la flota francesa escapa a su control. Las fuerzas armadas francesas no supieron defenderse ante la velocidad y precisión de los alemanes. Una vez más, Hitler logró desconcertar con rapidez la movilidad de los aliados y los franceses sucumbieron.

En el entreacto de esta acción, Mussolini presencia la guerra con inquietud y con el oportunismo que siempre le ha caracterizado. Cuando está seguro de que Alemania saldrá victoriosa en la Batalla de Francia, entra en escena, declarando la guerra a Inglaterra y Francia; es el 10 de junio de 1940. No desea fervientemente dar estos pasos, pero comienza su ofensiva por la frontera con Francia, aunque debe detenerse en los Alpes cuando se firma el Armisticio franco-alemán. Esta acción le permitirá al Duce participar en el reparto del poder territorial francés. Las ambiciones totalitarias de Mussolini embarcan al pueblo y al ejército italianos en una guerra absurda que será ruinosa para el conjunto de Italia. Las alianzas quedan así configuradas definitivamente y el curso de la guerra abre a Hitler, por ahora, el dominio de Europa.

EUROPA OCUPADA

LA GUERRA Y SUS CONSECUENCIAS POLÍTICAS

La guerra lleva ya diez largos meses y no tiene apariencia de terminar. Los planes ultra rápidos de Hitler tienen éxito, pues gracias a su táctica de «guerra relámpago» ocupa Europa y la domina, pero no puede impedir el enfrentamiento con el Reino Unido. Inglaterra no cede a sus presiones. Y no sólo eso. Los ingleses creen que pueden derrotar a Alemania. Esto es lo que expresa el nuevo primer ministro británico Winston Churchill, que se halla al frente de un gobierno de coalición desde el 10 de mayo de 1940. Este gobierno es producto directo de la guerra y en él se canalizan todos los sentimientos antinazis del pueblo inglés. Aglutina al conjunto de fuerzas políticas, sociales y militares inglesas, en un bloque monolítico contra la Alemania nazi.

Churchill lo sabe y por ello lanza mensajes decididos y seguros. Hitler teme a los británicos. Desde que Francia capitulara hasta el año 1941, con la extensión mundial de la guerra, Inglaterra resiste sola la presión de Hitler y hace fracasar, uno tras otro, los planes de éste para doblegarla, obligarla a capitular y firmar la paz. Los británicos constituyen una amenaza para los planes y ambiciones de Hitler en Europa. Mientras no pueda doblegar a Londres el Führer no podrá llegar a alcanzar la estabilidad política que desea en sus dominios europeos. Tiene claro que la Europa ocupada no responderá igual con los ingleses en su contra. Por ahora, ha logrado ocupar el Viejo Mundo, pero Europa no es suya.

LOS PROBLEMAS DEL OCUPANTE

En Dinamarca logra la sumisión a través de las gestiones de un embajador plenipotenciario, pero el gobierno danés no es un fiel ejecutor de las decisiones o leyes del Führer, por lo que a la larga, tendrá que deshacerse de él. En Noruega la situación tampoco está estabilizada: el rey Haakon huye a Londres, allí forma un gobierno en el exilio y llama a la resistencia pasiva y activa. Por más que el fascismo noruego se pone al servicio de los alemanes, no puede neutralizar la disconformidad de la población. Hitler anula la constitución y pone fin a las tradicionales garantías individuales, pero sabe que estas medidas no constituyen una solución definitiva.

En Holanda sucede lo mismo. La familia real huye a Londres y allí forma también un gobierno en el exilio. Seyss-Inquart, al que ya conocemos, es nombrado en Holanda Comisario del Reich, con el apoyo de las fuerzas nacionalsocialistas holandesas. En Bélgica el rey Leopoldo III no alcanza a huir y es «internado» por las tropas alemanas. Los nazis de León Degrelle apoyan a Hitler y su ejército de ocupación, pero sólo logran imponerse a través de una brutal represión. En su conjunto, los holandeses son firmemente antinazis y comienzan a organizar la resistencia.

Pétain, jefe de Estado en la Francia «libre», no quiere unirse activamente en la guerra con los alemanes. No acepta la propuesta y prefiere la pasividad del sometimiento antes que tomar parte en una guerra que no le pertenece ni le conviene. En medio de este panorama político, el fantasma de Londres sigue pesando y dificulta los planes de las huestes nazis. Hitler debe tomar la decisión de atacar a Inglaterra, pues, de lo contrario, Europa se le irá de la manos.

LA OPERACIÓN CONTRA INGLATERRA

¿Cómo y cuándo iniciar las operaciones contra los ingleses? Ésta es la cuestión que no deja dormir al Führer. Del éxito de la misma depende, en gran medida, el curso de la guerra. Ya se está alargando más de lo que conviene a sus planes. La batalla contra Inglaterra condiciona todos sus planes tácticos y estratégicos; si éstos fallaran, el transcurso de los acontecimientos puede ponerse en contra de Alemania. Las posibilidades de defensa por parte de los ingleses son bastante claras. Tienen una supremacía en fuerzas navales difícil de derrotar; sólo cabe doblegarlos en el espacio aéreo. A su vez, los ingleses vuelcan todo su esfuerzo por neutralizar a los alemanes en el aire. El primer objetivo es detener a Hitler y evitar la invasión de la Rubia Albión. Inglaterra debía mantenerse a toda costa como centro neurálgico y base de operaciones militares y políticas contra la Europa hitleriana.

Las posibilidades, sin embargo, de que Inglaterra pueda ganar la guerra no son tan claras. Por ahora, los ingleses deben resistir y propiciar las sublevaciones y la inestabilidad en la Europa ocupada por los nazis. En julio de 1940, Hitler da la orden de preparar la invasión a Inglaterra, pero los jefes de la marina de guerra alemana se resisten a ella, hasta que no esté claro el predominio aéreo alemán. Pero éste no se consigue. Los aviones de caza ingleses son demasiado efectivos. Tras los ataques aéreos alemanes, las instalaciones de tierra y la industria de guerra en general de Inglaterra, en especial la aeronáutica, consiguen rehacer pronto su infraestructura y el ritmo de su producción. Hitler sigue sin conseguir el predominio aéreo sobre Londres. Por el contrario, Gran Bretaña obtiene una creciente superioridad. Sus aviones de caza alcanzan un radio de acción cada vez más amplio.

CON LOS OJOS PUESTOS EN RUSIA

En septiembre de 1940 el Führer advierte que no es posible vencer en el aire a los ingleses y sabe, como sus generales, que este hecho puede influir negativamente en el curso de la guerra. En un arrebato de orgullo, ordena la invasión de Inglaterra, pero tiene que rectificar su estrategia. Los planes de guerra adquieren un ribete imprevisto. Si no puede vencer a

Inglaterra por el aire ni ocuparla territorialmente, Hitler especula con dominarla en el plano económico. El acoso a Londres por aire y por mar, mediante los submarinos alemanes, es constante, pero no es demasiado efectivo.

Entretanto en la cabeza del Führer está presente la próxima conquista que llevará a cabo: la Rusia soviética. El cerco a los ingleses se halla ahora condicionado por una estrategia que no termina de cuajar en nada concreto Acaso, si acaba con el enemigo bolchevique, tan odiado por Londres como el que más, Hitler podrá neutralizar a Inglaterra o, al menos, atemperar su belicosidad contra Alemania. En definitiva, el pacto de amistad firmado con Stalin no había sido más que una simple excusa para ganar tiempo. ¿Por qué no? En las miras de Hitler siempre estuvo y sigue presente la conquista de Rusia. El sueño de Napoleón se hará realidad ahora, en el siglo XX, cuando el nuevo «emperador» conquiste el país de los *soviets*. Por otra parte, con Rusia dominada, la destrucción final de Inglaterra sería mucho más fácil. Hitler decide invadir la Unión Soviética en el verano de 1941.

Ahora el Führer tiene que mover más piezas y ejecutar un plan de acción más complejo: ahogar la economía inglesa, atacar Gibraltar y empujar a Mussolini a que invada Egipto. Inglaterra perdería así poder en el Mediterráneo y sus colonias del Medio Oriente, por lo que estaría amenazada su industria del petróleo y del cáñamo, ambas fundamentales para su industria de guerra. Pero también fracasa en estos movimientos tácticos y su estrategia cambia de rumbo.

LAS RELACIONES CON FRANCO

La «Operación Félix» es el plan de conquista de Gibraltar. Hitler tenía buenas relaciones con el Generalísimo Franco desde la guerra civil en España. Allí colaboró enviando material bélico y probando los cazas y bombarderos de su Legión Cóndor en Guernica y Durango. Pero siempre se había mantenido el principio de no intervención, pues Hitler no estaba dispuesto a jugarse en una guerra a gran escala por el Caudillo español. Cuando la Guerra Civil española se decanta en un triunfo de las fuerzas nacionales, logra que Franco se incorpore a las alianzas del Eje.

Esto ocurre en marzo del año 1939. Pero hasta la decisión de invadir Gibraltar, España sigue siendo neutral en la guerra. Ahora tiene que convencer a Franco de la bondad de sus planes, pues, de lo contrario, no podrá invadir el cabo gibraltareño.

El 23 de octubre, en Hendaya, el Führer y el Generalísimo celebran un encuentro para analizar el futuro inmediato. La reunión es infructuosa. Hitler no consigue convencer a Franco de que España entrase en la guerra. El Caudillo, preocupado por consolidar su propio frente interno, insiste en mantener su neutralidad. En consecuencia, Gibraltar queda en manos de los ingleses.

LAS VELEIDADES DEL DUCE

Los italianos, por su lado, forman parte de las alianzas militares, pero tanto su ejército como su marina dejan mucho que desear en cuanto a su preparación táctica y su capacidad estratégica. En septiembre de 1940 el Ejército italiano establecido en Libia penetra en Egipto. Esto provoca la contraofensiva inglesa. Entre enero y febrero de 1941, los italianos pierden la Cirenaica tras la toma de Bengasi y Tobruk por los ingleses. Esta acción fuerza a Hitler a enviar tropas alemanas también a ese frente. Manda a Libia tropas acorazadas y refuerzos aéreos al mando del general Erwin Rommel.

Mientras tanto, la marina italiana, con notoria incapacidad, lleva el peso de las acciones navales en el Mediterráneo, pero sólo puede atenerse a proteger las rutas de aprovisionamiento entre Sicilia y Libia. Tímidamente, el Duce trata de interceptar los buques ingleses que salen de Gibraltar hacia Egipto o que vuelven a ese puerto a aprovisionarse, pero no obtiene grandes éxitos. Roma pierde batallas muy importantes a lo largo de 1940 y principios de 1941 –Punto Stilo, Cabo Taulada, Cabo Matapán–, de modo que debe doblegarse ante la superioridad naval inglesa.

En el Atlántico están presentes las fuerzas navales alemanas desde principios de la guerra. Alemania desarrolla un gran despliegue de su flota, pues Hitler intenta reforzar desde allí el bloqueo por mar contra los ingleses. A pesar de obtener victorias parciales y de ocasionar pérdidas cuantiosas a la famosa armada inglesa, en 1942 Hitler no consigue bloquear las islas británicas por el Canal de la Mancha y se concentra en el Mar del Norte. Entretanto la marina alemana sufre importantes derrotas, que le impedirán realizar otras operaciones estratégicas de gran envergadura. Entre los barcos más preciados por Hitler se encuentran el Graf Spee, que se hunde en el Río de la Plata, y el Bismarck.

MOVIMIENTO DE PIEZAS EN LOS BALCANES

Ahora Hitler debe imperiosamente equilibrar las fuerzas y asegurarse el éxito de la «Operación Barbarroja»; tal como se denominan los planes de ataque contra Rusia. Para ello, tendrá que conseguir ampliar su zona de influencia en Europa Central y, sobre todo, en los Balcanes. En 1940 logra sumar al pacto Tripartito del Eje, formado por Alemania, Italia y Japón, a Hungría. Rumanía, Eslovaquia, Bulgaria y Croacia. Pero no prevé que su aliado italiano invada Grecia desde Albania, tal vez para demostrar su libertad de acción frente al Führer. Este hecho descoloca a Hitler, que no cuenta en sus planes con ello, y lo fuerza a cambiar nuevamente sus movimientos tácticos, ya que los griegos, apoyados por los ingleses, contraatacan. Como garantía defensiva, los ingleses establecen una base aérea en Creta. Esto constituye una amenaza para el Führer. Inglaterra tiene capacidad para formar un frente aliado en los Balcanes y, de paso, bombardear los campos de petróleo rumanos. Hitler debe avanzar esta vez nuevamente para cortar tal posibilidad. Decide hacerlo desde Bulgaria en dirección al mar Egeo.

La invasión a Grecia debe hacerse desde Bulgaria y Yugoslavia. Pero, en marzo de 1941, el rey Pedro II de Belgrado dirige un golpe de Estado contra los nazis, lo que fuerza a una nueva ampliación de la campaña en los Balcanes, con la invasión de Yugoslavia. En marzo de 1941 comienza la Operación Marita, con el traslado masivo de fuerzas de infantería y artillería alemanas para que se concentren en Bulgaria. Todo esto está retrasando las operaciones en la Rusia soviética. Hitler teme que sus objetivos puedan diluirse. En abril ataca a Grecia y Yugoslavia y, a principios de mayo, ambas naciones son vencidas. Gran Bretaña pierde su base de apoyo en el continente y se ve forzada a retirarse. Grecia,

Hitler, aclamado por la multitud, celebra con un desfile el 20 de abril de 1941, día de su 52 cumpleaños. En aquel momento, tanto el Fürher como la Wehrmacht parecían todavía invencibles. (Foto: Camera Press / Zardoya)

Yugoslavia y, finalmente, Creta son ocupadas por las tropas del Eje. A pesar que logra un dominio total en la zona, forzando la constitución de gobiernos afines al nazismo, como es el caso de Croacia, o de gobiernos militares bajo órdenes italianas y alemanas, Hitler se ve desbordado por los acontecimientos.

LOS CHIVOS EXPIATORIOS

Los gobiernos anti nazis en el exilio se concentran en Londres y la capital inglesa se convierte en el foco y punto de apoyo del movimiento internacional contra el régimen hitleriano. Al mismo tiempo, en los países ocupados, y en la propia Alemania nazi, comienza a generarse un movimiento de resistencia que socava la moral de las tropas alemanas y que, a su vez, es apoyado desde Londres. Las fuerzas alemanas se dispersan en demasiados frentes, lo que hace que tengan poca unidad de acción ante un ataque concentrado por parte de las fuerzas enemigas. Por último, el aplazamiento del ataque a la URSS retrasa las operaciones, restando capacidad de iniciativa rápida a Hitler, quien sabe muy bien, por la propia experiencia de Napoleón, que la victoria en el Este puede quedar en manos del invierno.

Estos reveses sorprenden a Hitler, porque, como siempre, no cuenta con el éxito de sus adversarios. Sus planes no contemplan la capacidad de movimiento de sus enemigos. Él cree en su superioridad estratégica y en lo indiscutible de su genio. Su soberbia no le permite calcular con realismo las fichas que mueven sus contrarios. Y en este punto es donde su capacidad estratégica es muy discutible y ha sido puesta en entredicho por colaboradores y adversarios. Era un propagandista de sus propios objetivos y no permitía el poder dual ni la competitividad con su mando. De allí que, ante la inmensa tarea operativa que significa la invasión de Rusia, busque un chivo expiatorio para cargar con sus propios errores.

Achaca la responsabilidad a diversos culpables. Desde una confabulación de judíos capitalistas internacionales, con intereses bursátiles, que han promovido y desatado una guerra despiadada que nadie quería, hasta que su aliado Mussolini, con sus indecisiones de entrar en la guerra, había promovido que las fuerzas occidentales no aceptaran la legitimidad del poder alemán y de su hegemonía europea. Además, Mussolini tiene la culpa de haber atacado por su cuenta a Grecia, a partir de lo cual Hitler concluye que la alianza con Italia es más beneficiosa para sus enemigos que para él mismo. Como su megalomanía lo lleva a hacer un análisis irreal de los acontecimientos y, por encima de todo, cree en la justicia de su causa, considera que los demás son responsables por no aceptar sus puntos de vista. En el plano militar le ocurre otro tanto.

¿GENIALIDAD O LOCURA?

Hasta 1941, a pesar de ciertos reveses, sigue siendo un líder político y un genio militar para muchos de sus seguidores y colaboradores. No sólo para los soldados y los cuadros medios del ejército. Lo es también para muchos mariscales de campo que provenían de la antigua Reichwher. En realidad, Hitler había conseguido en poco más de un año el dominio militar de Europa. Esto lo convierte para muchos en un estratega sobresaliente. Incluso cuando ya da muestras de sus obsesiones, obstinaciones y diversas patologías, muchos de ellos siguen opinando lo mismo. Sus conocimientos, que son imbatibles, superan a los de cualquier militar de carrera y hace galas de manejar información pormenorizada de la organización, el equipo y los movimientos de los ejércitos y flotas de todo el mundo. Hitler tiene todo archivado en su cabeza; con una complejidad de datos propios de un genio… o de un monstruo.

Hasta este momento Hitler dirigía «su» guerra de un modo absolutamente pormenorizado. La guerra era su obra en todos los aspectos, ya fueran políticos, ideológicos, militares, económicos , propagandísticos o de cualquier otro tipo. La contienda era un reflejo de sus ambiciones, de su personalidad, su enfermedad, su temperamento, sus aptitudes e ideas. Únicamente él abarcaba con su «genio» la política interior y exterior del Tercer Reich. Dirigía las operaciones militares y daba el visto bueno o malo de cada acción. Conducía a Alemania y desde ella a toda Europa, conjugando la aventura bélica con la política, para conseguir hacer realidad el sueño pangermanista, el permanente y único objetivo de su vida.

Los rasgos patológicos de su carácter, muy decisivos y tajantemente manifiestos en su conducta, se desarrollan al mismo ritmo que los acontecimientos y lo desbordan cuando la guerra se generaliza. ¿Cómo influyen estos rasgos en una guerra que es su fiel reflejo? ¿Hasta qué punto la guerra es la obra de un genial estratega o de un loco? La contrariedad y los imprevistos no forman parte de sus cálculos. Por el contrario alteran profundamente su carácter y las tendencias patológicas de su personalidad. Con la *Blitzkrieg*, Hitler cree que logrará el dominio de toda Europa. Cree neutralizar a los ingleses con la rapidez con que se movió en Polonia. Desea un dominio militar local a partir de una hegemonía político-territorial. Pero sus planes no se desarrollan como él lo había previsto. En este sentido, la guerra impone una lógica por sí misma que escapa a su control, pues debe ocupar Francia cuando no era ésta su opción táctica más querida y debe entrar en guerra con Inglaterra cuando soñaba con neutralizarla, acaso con vistas a un futuro entendimiento en el reparto mundial.

EL PRINCIPIO DEL FIN

LA GUERRA SE HACE MUNDIAL

En junio de 1941 Hitler da la orden de comenzar la «Operación Barbarroja» contra la Rusia de Stalin. Hasta agosto del mismo año, el Ejército alemán avanza por el norte, el centro y el sur. Su pretensión es aplastar, con la mayor prontitud, a las tropas soviéticas y tener controlado el territorio hasta la frontera asiática de ese país. Su objetivo es destruir, con la aviación alemana, la estructura productiva de la URSS en los Urales. La «guerra relámpago» hitleriana obtiene sus primeros éxitos militares. Pero Hitler comienza a dar, una vez más, pruebas de su obstinación frente a las opiniones de los altos mandos de su ejército. En agosto de 1941, las fuerzas soviéticas parecían estar finalmente doblegadas y el Estado Mayor alemán elabora el plan de ataque a Moscú. El Führer, en contra de la opinión operativa generalizada, lo aplaza y ordena, en cambio, la conquista de la cuenca industrial del Donez.

Tras la batalla de Kiev, en el mes de septiembre, y la doble batalla de Vjasma-Briansk, en octubre, el Ejército alemán llega cerca de Moscú. Hitler todavía demuestra su aparente genialidad estratégica pues su ejército había logrado llevar a cabo la ofensiva más espectacular de la historia de la guerra. Pero las tropas del Tercer Reich están agotadas y deben recuperarse de semejante proeza. Hitler aplaza nuevamente la orden de ataque contra Moscú para después del duro invierno ruso. Con las lluvias y los primeros fríos, las unidades móviles ven mermadas su capacidad operativa. Las comunicaciones entre los frentes comienzan a ser cada vez más difíciles por la durezas climática. El barro inmoviliza a los alemanes.

LA DERROTA NAZI EN STALINGRADO

Entretanto, los rusos, que han retrocedido, se preparan desde la retaguardia. Ellos están acostumbrados al invierno y deben aprovecharse de esta ventaja. Los alemanes, en cambio, no están preparados para afrontarlo. En diciembre, los rusos contraatacan a las tropas asentadas en las puertas de Moscú y, con esta ofensiva soviética, los planes de Hitler se ven rápidamente desbaratados. Sus tropas se ven amenazadas por todos los frentes. Por el norte, por el centro y por el sur, los alemanes se ven obligados a retroceder y pierden muchas de las posiciones conquistadas. La situación ha dado un giro de 180 grados.

Con la derrota de Stalingrado, la guerra se transforma y Hitler pierde el hilo de su estrategia, basada en la rapidez y contundencia de las victorias. Con este hecho también pierde la serenidad necesaria como general y estratega, y su contrariedad se hace tan visible, que destituye al comandante en jefe de las operaciones, el general Von Brauchtisch. Las ódenes que Hitler mismo imparte son tan claras como demenciales: sus soldados deben resistir cueste lo que cueste, mantener las posiciones y luchar hasta el final.

ESTADOS UNIDOS ENTRA EN LA GUERRA

La guerra toma un cariz que el Führer no había previsto. En Rusia, sus planes se dan vuelta, convirtiendo este frente en una guerra prolongada. Necesitaría muchos más recursos humanos y bélicos para poder desarrollar una ofensiva con éxito. Otros frentes se abrían, complicando la contienda, a un límite en el que la derrota de Alemania podía ser probable. Tras el ataque que sufre la flota norteamericana, en Pearl Harbour, en diciembre de 1941, el 8 de ese mismo mes EEUU declara la guerra al Japón y, tres días después, obligado por sus promesas y alianzas con los japoneses, Hitler declara la guerra a los norteamericanos, con lo cual la guerra adquiere un claro perfil mundial. Las potencias aliadas crean el Consejo Nacional de Defensa y Roossevelt, que, como Churchill, desconfía de los soviéticos, define a los EEUU como el arsenal de la democracia. Ahora, las piezas son múltiples y la correlación de fuerzas es desfavorable para la Alemania nazi.

A principios de 1942 se realiza la Primera Conferencia de Washington en la que se establece, entre ingleses y americanos, un Consejo de Guerra Común, encargado de diseñar un plan de acción defensivo contra las potencias del Eje. En este Pacto quedan incorporadas 26 naciones, que se comprometen a no firmar ningún tipo de acuerdo de paz por separado con Italia, Japón y Alemania. Este Pacto abre las puertas a una acumulación de recursos humanos y técnicos que Hitler, con sus aliados, no podrá superar jamás. La seguridad y soberbia del Führer se convierten en una alocada impaciencia. Su capacidad física y mental acusan recibo inmediato de los nuevos vientos que soplaban en la contienda. En diciembre de 1941 el Führer ya había asumido el mando supremo del ejército y ahora lo tenía todo en sus manos. La declinación personal será paralela a la política y la militar. Quiere ejecutar sus planes de manera contundente y total para que no quede ninguna duda de sus «superiores motivaciones». La locura de la guerra total es igual de grande que las huellas del horror y de la destrucción que va dejando a su paso.

EL DESCONCIERTO DE HITLER

Hitler se ha erigido a sí mismo en Jefe Supremo del Ejército. Ya nadie puede contradecirlo en lo más mínimo. Sus obsesiones aumentan ante tanta y tan variada complejidad de hechos y circunstancias y su salud se resiente. Se sabe que padece problemas respiratorios, edemas y problemas circulatorios, presión arterial elevada, insomnio e hiperactividad, a los que acompañan rasgos crecientemente neuróticos; obstinación, intolerancia y ataques de ira. Para mantener el pulso con una guerra que había traspasado los límites tolerados por Hitler y los nazis, su médico recurre a las recetas de estimulantes, que le reavivan sus características más agresivas. Sus decisiones parecen estar fuera de control. Sus argucias alcanzan proporciones incalculables y su oratoria se ha transformado totalmente: hiere y lastima con sus palabras. Sus ojos, tan peligrosos como sus órdenes, desbordan de ambición y parecen vislumbrar una victoria en la que hasta los mismos alemanes comienzan a dudar

Su idea fija por debilitar definitivamente a los ingleses hace que convenza a los japoneses de su participación armada en la guerra. Con sus argumentaciones y conocimientos estratégicos les demuestra la necesidad de atacar a EEUU para que los japoneses puedan lograr la hegemonía en el oriente asiático. La guerra del Pacífico abre las puertas a la declaración de guerra a los norteamericanos. Para éstos, Hitler les facilita las cosas, pero él no lo sabe. Haciendo caso omiso de los consejos de mariscales y generales, aún considera posible en 1942 ganar la guerra a Stalin. Además, cree a ciencia cierta que los norteamericanos no cambiarán mucho el curso de los acontecimientos. Esto es lo que da a entender. Después de todo, si él no forzaba la marcha de los hechos, la participación de EEUU era igualmente inevitable. Este país no estaba dispuesto a que cayera Inglaterra en manos del Tercer Reich.

Las alusiones a Churchill y a los aliados en sus discursos e intervenciones están llenas de descontrol y de amenazas. Se ríe de ellos, los ridiculiza y les advierte sobre los kilos de bombas que les va a hacer llegar. Suele hablar de planes y conquistas militares que no son previsibles. Sus conocimientos dejan de ser efectivos y se convierten en delirantes. Las conquistas militares y los crímenes políticos alcanzados ya no lo conforman. Ahora el abismo de lo imposible se convierte en la meta de sus exigencias. A esta época pertenecen las decisiones y órdenes de Hitler sobre la «solución final» al problema judío.

LA «SOLUCIÓN FINAL»

¿En qué consistía la «Solución Final»? Desde el inicio del Tercer Reich, con una férrea centralización policial y militar en manos de Hienrich Himmler, la persecución de los judíos fue sistemática y culminó, en su primera etapa, con los pogromos de la «Noche de los cristales», en noviembre de 1938. Con el comienzo de la guerra, las actividades antisemitas se desarrollaron e incrementaron en Alemania, pero también en todos los países ocupados.

Las expulsiones de judíos se vuelven masivas. Se desata el pánico y los guetos se transforman en un lugar común para los hebreos. Las agresiones son constantes, se les incautan los bienes y, a pesar de las órdenes de expulsión, se dificulta la emigración a través de las limitaciones en los visados y la imposibilidad de transferir divisas. Esta política de constante aniquilamiento, que tiene su corolario con la «Solución final», abarca a todos los territorios ocupados por Alemania. Sus ejecutores de siempre serán los Servicios de seguridad de las SS, con Himmler a su cabeza.

LA BARBARIE ANTIJUDÍA

Entre abril y mayo de 1941 Hitler concibe y elabora su plan. Su primer interlocutor fue Rosenberg, quien dejó un limitado testimonio de los pormenores de las órdenes del Führer. Parece ser que su espanto fue tan grande, que ni siquiera se atrevió a documentarlo. El informe sobre la inmediata «Solución Final» del «problema judío» lo prepara Adolf Eichmann, y en él consta la necesidad de suspender definitivamente la emigración de las personas de ese origen, en todos los territorios ocupados, dada la inminencia de nuevas decisiones sobre el tema. En julio del mismo año, Himmler participa activamente en la confección del plan y encarga programar su ejecución a la cúpula de las SS, representada por su jefe, que en ese momento es Reinhard Heydrich. Entre todos elaboran este proyecto, diseñado por el arquitecto de los arquitectos y en el que medios y fines coinciden. Se trata de la extinción biológica de los judíos: es su holocausto.

Las órdenes del Führer se concretan en cada uno de los países ocupados. En Polonia son exterminados el 90 por ciento de los judíos polacos. En la primera etapa se los concentra en guetos y campos de trabajo forzado. Después de 1941 viene la liquidación masiva y las deportaciones a campos de exterminio. Son habituales las detenciones en masa, los fusilamientos y las ejecuciones sumarias, que se generalizan a partir de 1942. Las *razzias* y pogromos constituyen el instrumento cotidiano, en el que participan antisemitas y milicias locales, junto con las fuerzas de ocupación nazis.

EL DRAMA DEL HOLCAUSTO

En Holanda, Bélgica o Francia también se generalizan las persecuciones organizadas y controladas por las SS. Pero estos países no poseen campos de concentración y exterminio propios. Los judíos de estos territorios son excluidos de la vida pública y perseguidos para ser enviados a los campos de Alemania o de Polonia. En enero de 1942 Hitler realiza la Conferencia de Wannsee para hallar la «solución final» y crear criterios de acción unitarios y planificados. Sus conclusiones no varían de las ya ejecutadas en muchos lugares. Sólo que ahora se aplicará un plan técnico-científico, racional, masivo e «industrial», para que resulte provechosa para la guerra y para el bien del pueblo alemán, según su concepción y las teorías que la sustentan. Se decreta, en todos los campos, la separación de sexos, la muerte por trabajos forzados y hambre, y los «tratamientos a supervivientes», que no es más que su pulverización física por medios técnicos, entre ellos, las cámaras de gas. Auschwitz, Chelmno, Sobibor, Treblinka, Belzec se convierten en los centros neurálgicos de estas fábricas de terror, en los que mueren más de seis millones de personas.

Pero no fueron los nazis alemanes los únicos asesinos, ya que como ocurrió en Polonia, los Balcanes o Ucrania, fueron muchos los que secundaron estas matanzas. Rumanos, letones y lituanos colaboraron en el asesinato a gran escala. Los ucranianos hicieron de las *razzias* un instrumento terrorífico, que aventajaba incluso la brutalidad de los propios alemanes. La deportación de judíos en masa a campos de exterminio fue obra de Hitler, pero participaron activamente todos los gobiernos colaboracionistas. Estos alimentaron la máquina aniquiladora alemana con su ideología o con su participación directa. La población estaba aterrorizada, y por medio del miedo se controlaba todo y a todos. Las SS y la Gestapo producían estupor incluso entre los propios alemanes o en personas no demasiado críticas con el régimen. La policía nazi era temida por todos y cada uno, puesto que poseía un poder mortífero.

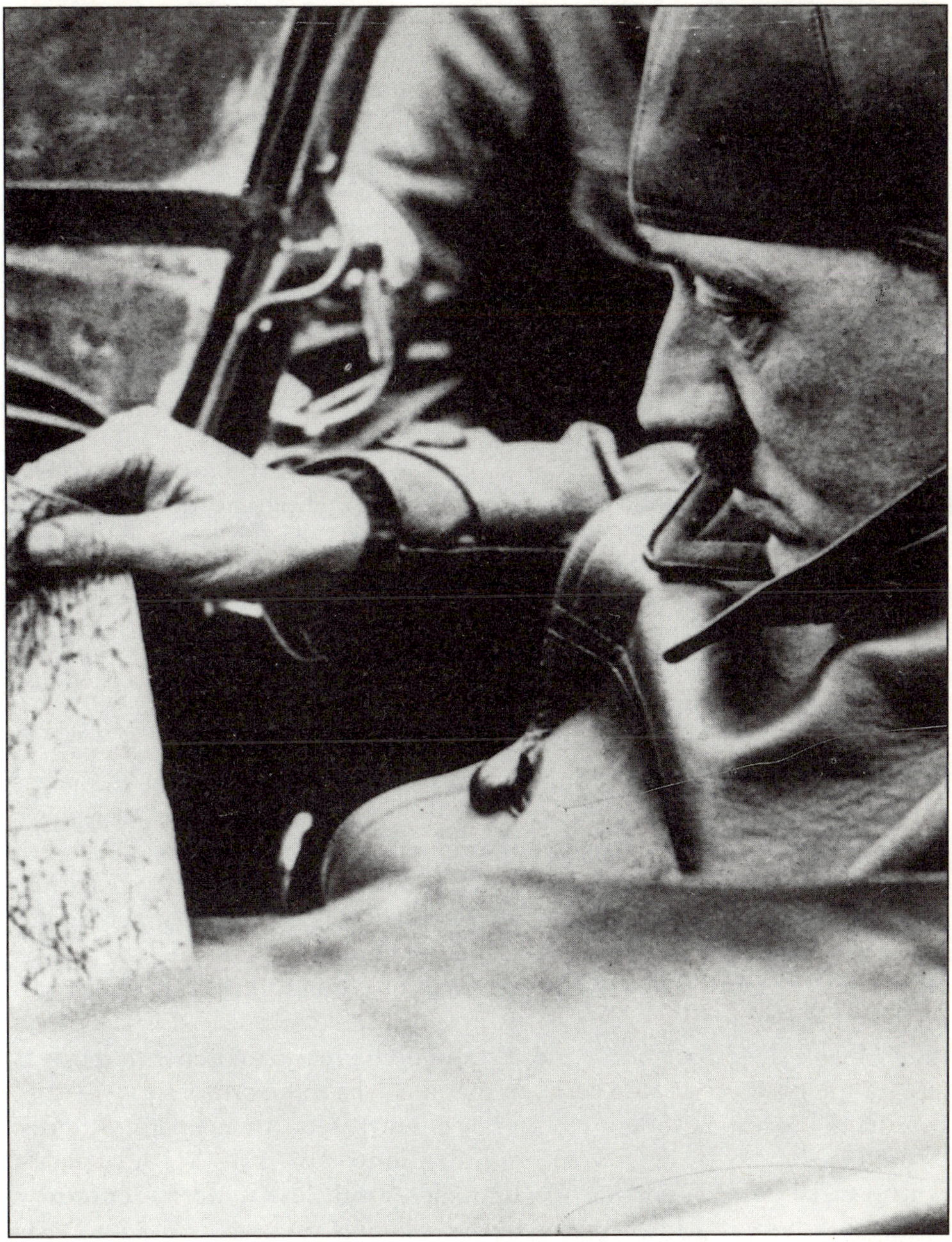

Hitler, con un gorro de aviador, revisa en un aeroplano un mapa de las operaciones en el frente de Lebensraum. Se acercaba el invierno de 1942 y la guerra comenzaba a escapársele de las manos. (Foto: Camera Press / Zardoya)

LA DISIDENCIA INTERNA

Sus crímenes, fechorías y crueldad eran conocidas por el pueblo alemán, pero muchos justificaron su existencia como una faceta que no tenía que ver con el régimen. Como un descontrol de fuerzas anacrónicas que, por su cuenta, atentan desmesuradamente contra adversarios políticos e ideológicos. Elementos no deseables que aprovechan la realidad de la guerra y la confusión y dispersión que ella provoca. Las deportaciones masivas al Este, conocidas por todos los alemanes, eran también justificadas por necesidades de la guerra y, si se cometían desmanes, el Führer, preocupado por los acontecimientos bélicos internacionales, no sabía nada de ellos.

Sin embargo, otros no comulgan con estos argumentos. Por el contrario, advierten desde el primer momento, el peligro de las ideas de Hitler y de su figura. Son los que hacen sonar la alarma, en la Alemania nazi y en toda la Europa ocupada, oponiéndose a él y a su régimen.

EL MOVIMIENTO DE RESISTENCIA

Las consecuencias del totalitarismo hitleriano se hacen notar desde los primeros momentos del régimen. El conjunto de medidas dictatoriales y de ideas que las sustentan provocan una reacción lógica en los elementos democráticos, liberales y progresistas. Como se ve, Hitler y su Estado nacionalsocialista tienen dos grandes armas: el despliegue espectacular de la propaganda de masas y el de la violencia para acabar con la oposición. Uno y otro se alimentan e instrumentalizan con grandes medios técnicos. El resultado es la supresión total de los derechos individuales de las personas y del Estado de Derecho en general, a través de la implantación de una serie de medidas absolutamente represivas: el sistema del terror llevado a efecto por el partido nazi y los paramilitares, la policía, las SA y las SS; el aniquilamiento físico de los adversarios políticos; la eliminación de los llamados «inútiles» y de los enfermos crónicos o hereditarios a través de los salvajes programas de eutanasia desarrollados durante la guerra, y el exterminio de judíos y de otros pueblos también considerados inferiores a la llamada raza aria, como fue el caso de los gitanos.

Al estupor inicial provocado en Alemania le sigue la indignación y repulsa, para desembocar, con el curso de la guerra, en la organización de núcleos activos de resistencia. Hay que contar con que no era fácil en la Alemania hitleriana moverse políticamente. La represión alcanzaba unos niveles que paralizaban cualquier iniciativa. Los atisbos de oposición eran cortados de raíz. Al clima represivo se le suma la capacidad de movilización de Hitler como salvador de la patria, ante lo cual cada alemán se convierte en un posible delator. El clima enrarecido, de desconfianza generaliza, de vivir bajo sospecha, carga la atmósfera e impide la acción. Por ello, y porque todo movimiento político contrario al régimen había sido descabezado, la resistencia es minoritaria. Hitler inmoviliza a cualquier adversario antes de convertirse en Führer.

LA «REBELIÓN DE LA CONCIENCIA»

Sin embargo, a lo largo del año 1942, comienzan a aparecer núcleos activos de resistencia. Son de diversas tendencias políticas e ideológicas, que aparecen bajo el lema de la «rebelión de la conciencia». Sueñan con la restitución de la República de Weimar hasta el restablecimiento del Estado de Derecho y reivindican un cambio social para derrotar al régimen y la renuncia por parte de Alemania a cualquier tipo de política expansionista. Pero siguen siendo impotentes frente al totalitarismo implantado por Hitler.

Sin embargo, y a pesar de la aparente impotencia, los movimientos de resistencia ponen nervioso al Führer y a sus fuerzas militares. Se constituyen en otros focos de atención que dispersan la fuerza y la concentración. En los países invadidos, el desarrollo de movimientos contra las fuerzas de ocupación alemanas poseen más fuerza. La lucha en común contra Hitler y el nazismo unifica los diversos frentes de resistencia de Holanda, Dinamarca, Noruega, Bélgica, Checoslovaquia y Francia. La ayuda mutua es norma común entre ellos y se porporcionan material de combate e información, así como la colaboración ininterrumpida con las fuerzas aliadas y con los gobiernos en el exilio radicados en Londres. Ya en 1940, el general De Gaulle forma, en la capital inglesa, el Comité Nacional de Francia Libre. En la Francia ocupada, la resistencia se convierte en un fuerte movimiento clandestino con amplias bases en el norte y en el sur del país, en los que tienen mucha influencia los comunistas. Desde estos frentes ilegales se organiza el tejido de información clandestina de toda Europa junto a los servicios de espionaje y emigración de los alidos.

MAQUIS Y PARTISANOS

En 1941, en Londres, se centraliza esta trama, que cada vez mueve a un mayor número de personas en la Europa ocupada. Hitler tiene así un doble motivo para aplastar la capital inglesa. Los movimientos de resistencia se hacen cada vez más poderosos por la estructura clandestina de su organización, que de un modo subterráneo, se convierten en las células, siempre en ebullición, de la actividad antinazi en el mismo corazón del Tercer Reich. Heydrich, jefe de las SS y estrecho colaborador de Himmler, es asesinado por el movimiento partisano de los checos. Lógicamente, esto desata una represalia sin precedentes. A partir de 1942 y en paralelo con la «Solución final» en relación a los judíos, Hitler intensifica el terror en los países ocupados, y lo hace a través de fusilamientos masivos por «atentados contra la ocupación», muerte por hambre de detenidos políticos y brutales deportaciones masivas a campos de trabajos forzados y de exterminio, así como la destrucción brutal de pueblos enteros, de cualquier lugar donde un movimiento de resistencia parecieraa peligroso y efectivo.

La respuesta de Hitler siempre es desproporcionada y absolutamente cruel. El encarnizamiento, el ensañamiento y el exceso de los nazis ante la impotencia de no poder acabar con el enemigo parece emanar directamente de las implacables ideas de su Führer. Las atrocidades con las que los verdugos nazis se ensañan con sus víctimas a través de las más violentas torturas y los asesinatos a gran escala, dan muestra de una perversidad sin límite.

Entre los años 1942 y 1944, la oposición se hace cada vez mayor en el frente civil paralelamente con el retroceso militar de las posiciones alemanas. Hitler se ve desbordado, aunque resiste. Todavía en 1942 tiene esperanzas de ganar la guerra. Pero, en 1943, después de la gran derrota en Stalingrado, probablemente ya es consciente de su fin. Parece un hombre viejo y acabado. Sin embargo, sus respuestas siguen siendo despiadadas, obra de una mente llena de obcecación y fanatismo. Ya se respira el clima de una futura derrota y la descomposición del régimen acelera su curso. El tejido de la resistencia incluso tiene su eco entre los soldados alemanes y va calando en el ánimo de las tropas al igual que las batallas perdidas. Hitler, con su obstinación y su omnipotencia, tiene cada vez mayores problemas con los militares. Las medidas descabelladas en el frente civil y militar van perdiendo consenso entre los altos mandos. Una conspiración militar se cuece en el corazón mismo del poder.

HITLER Y LOS MILITARES

En efecto, muchos militares a partir de 1942 tienen una gran animadversión hacia Hitler y su régimen. Saben que su insistencia en la prolongación de la guerra conducirá a un desastre militar y a la destrucción de Alemania. Presienten una derrota que puede ser inminente y entienden que prolongar la guerra es hacer más larga la agonía. Muchos militares de carrera eran contrarios a su fanatismo y a los métodos de sus seguidores nazis. Las críticas arrecian y se hacen generalizadas desde 1942. Sin embargo, a pesar de esta postura y del frustrado complot de 1938, el Ejército alemán luchó con fanática entrega por el triunfo de Alemania. Esta actitud contradictoria colocaba al ejército en un callejón sin salida; por un lado, algunos mandos no eran partidarios de Hitler ni de sus teorías, por otro, consolidaron y perpetuaron el poder del Führer por medio de la acción militar.

Los triunfos militares de Hitler alejaron del entorno del ejército las voces críticas y discordantes. Hasta 1942, aquellos que preveían la ruina de Alemania tuvieron que callarse frente a los éxitos de sus conquistas. Los intereses económicos y estratégicos eran demasiado poderosos como para no escucharlos. A partir de este año, en que el declive es manifiesto, otra vez recuperan fuerza ciertas voces disidentes en los altos mandos. La idea de eliminar a Hitler, hacerse con el poder y negociar la paz con los aliados comenzó a calar en ciertos sectores de la oficialidad alemana. Muchos de los oficiales, que tenían tropa a su mando, sabían de las operaciones de exterminio y de las deportaciones masivas practicadas contra enemigos y prisioneros de guerra, aunque muchos de ellos no las ejecutaran directamente. El malestar en el ejército era evidente.

Uno de los más activos representantes de la corriente antinazi es el coronel Claus, conde Von Stauffenberg, que el 20 de julio de 1944 hace estallar una bomba en el cuartel general del Führer. La conspiración tiene alcances en Berlín y París, donde se concentra el núcleo duro de los oficiales contrarios a Hitler. Existen diversas opiniones entre ellos, que van desde salvar rápidamente a Alemania del desastre de una nueva derrota militar, que la colocaría en peores condiciones que las de la anterior guerra; hasta los que sienten un profundo desprecio por Hitler y la naturaleza criminal de sus doctrinas y de su régimen. Estos sectores deciden organizar un complot contra el Führer.

MOMENTOS DE DEBILIDAD

El complot fracasa. Los conjurados y los que esperan el desarrollo de los hechos se mantienen en una actitud ambigua. Cuando Hitler se salva del atentado, la rebelión es sofocada con prontitud. La represalia, como todas las suyas, es brutal y contundente. Cerca de cinco mil personas son ejecutadas para abortar una conspiración de la que sólo habían tomado parte doscientas. También son detenidos los familiares de los acusados en el juicio sumarísimo que se lleva a cabo. Después de este atentado, Hitler nombra a Himmler comandante en jefe del ejército. Aquel que participó en el diseño técnico de la «Solución Final» antisemita, acompañaría ahora al Führer en los últimos pasos de la guerra.

Hitler se salva del atentado, pero está acabado. Su enfermedad se generaliza y queda aparentemente derruido. A pesar de acusar a los conspiradores de ser una simple camarilla de saboteadores ineficaces y criminales, sabe que su derrota es inminente. Pero su vida y la del Tercer Reich son para él la misma cosa. Todavía confía en la devoción del pueblo alemán hacia su Führer. Quiere dar pruebas de esa unión entre las masas y su jefe. El atentado deja huellas en su físico y en su voluntad. No puede mantenerse de pie, pierde con facilidad el equilibrio. Presenta cortes en la cara y le sacan astillas de madera de todo el cuerpo. Se queda medio sordo. Sufre de dolores de cabeza y también de insomnio. Para

Hitler, el atentado constituye la mayor crisis política y militar que tiene que afrontar en el plano interno del poder. Probablemente este hecho agudiza la crisis psicológica y las enfermedades que padece. Se halla definitivamente enfermo y cansado. Advierte explícitamente de los grandes sacrificios que le esperan al pueblo alemán por el desarrollo de la guerra. Sabe que los acontecimientos bélicos que se están produciendo alcanzarán pronto su punto culminante.

LA DERROTA

DE LA OFENSIVA A LA DEFENSIVA

La catástrofe para Hitler comienza en 1942 y se desencadena a partir de las medidas tácticas y estratégicas que toma, cada vez más descabelladas. El frente ruso es la clave fundamental del gradual desmoronamiento del nazismo. La correlación de fuerzas es favorable para los aliados y la Alemania nazi, junto a las potencias del Eje, pierde posiciones y batallas. En Rusia, después de la contraofensiva soviética de 1941, los alemanes vuelven a atacar. Es en el mes de mayo de 1942. Por primera vez, Hitler ve que la contienda se le escapa de las manos. Había forzado una guerra mundial para la que Alemania no estaba preparada. En el frente ruso hacía cinco meses que los alemanes se encontraban detenidos. Era la primera vez que el Führer no podía invadir un país a su antojo, imponiendo sus métodos de guerra relámpago. Le habían fallado sus previsiones, y su capacidad como jefe operativo y estratégico era puesta en duda. Para el verano de 1942 decide una ofensiva generalizada en el frente ruso. Es una decisión descabellada, que sólo trasunta delirio o desesperación.

En junio se pone en marcha la ofensiva. El objetivo del Führer es conquistar los campos petrolíferos del Cáucaso y tomar nuevamente

Stalingrado, que es el centro neurálgico de la industria armamentística y de las comunicaciones soviéticas. Con este golpe no sólo desvastaría la infraestructura de su enemigo, sino que aprovecharía los recursos para aprovisionar de material al ejército alemán. Esta vez, la ofensiva sería continuada y no volvería a cometer el error gravísimo del año 1941, el de detenerse a las puertas de Moscú, desaprovechando una oportunidad única para derrotar a los rusos. Tropas blindadas alemanas llegan a Stalingrado en septiembre y, tras una cruenta batalla, conquistan la ciudad en el mes de noviembre. Pero los alemanes no logran llegar a la frontera oriental rusa, ni dificultar las comunicaciones. Además, la ayuda de los aliados fluye ahora generosamente.

A PARTIR DE STALINGRADO

El 19 de noviembre de 1942 comienza la contraofensiva rusa y, con ella, el giro total de la guerra. El 22 de noviembre las tropas alemanas quedan cercadas en Stalingrado por una tenaza ofensiva, producto de la conjunción de dos columnas rusas situadas al oeste de la ciudad. Hitler se empecina y se niega a intentar la retirada. Algunos militares se habían opuesto a centrar los esfuerzos en Stalingrado, pues planteaban que las tropas alemanas no estaban en condiciones de tomar esa ciudad, ya que el frente ruso tenía una extensión muy grande, tanto en longitud como en profundidad. Pero el Führer no hace caso de ningún consejo y cree todavía en su genio militar. El general Von Paulus, que comanda las tropas del lado Sur, intenta romper el cerco soviético y abrirse paso hacia el oeste, pero fracasa por el empecinamiento de Hitler de prohibir la retirada. El Führer insiste en la orden de resistir cueste lo que cueste. En el colmo de la soberbia, acaso creyéndose iluminado por el Dios de la guerra, exige a los soviéticos que capitulen. No puede admitir la derrota y, ante ella, prefiere jugarse el todo por el todo, aunque en ello inmole a su ejército.

Su lema de aguantar por todos los medios no es más que la otra cara de su deseo egocéntrico el triunfo y la victoria, que lleva a prolongar innecesariamente la agonía de toda Alemania. Su desprecio por los asesores y expertos lo lleva a cometer errores irreparables en la campaña de Rusia. Sus conocimientos técnicos y la exhaustiva información militar no le bastan para ser realista en materia operativa. En su visión obnubilada de los hechos, pretende ajustarlos a sus ideas, en lugar de adaptar a éstas a las circunstancias objetivas. En enero de 1943 se produce el golpe definitivo. Los rusos, que tienen cercados a los alemanes, logran separar su fuerzas, embolsando a cada una en una zona diferente, al norte y al sur de la ciudad. Ya es demasiado tarde para rectificar o para cualquier otra alternativa que no sea la capitulación. El 2 de febrero quedan en manos del ejército soviético los cuerpos 4º y 6º del Ejército alemán. De sus 270.000 hombres, más de 100.000 han muerto y 90.000 son hechos prisioneros.

LA OBSTINACIÓN EN LA LOCURA

El Führer ya había dejado de ser el genial estratega que el pueblo alemán creía y en el que había depositado su confianza. Otros frentes también tambalean en conjunción con su salud psíquica y física. Su capacidad de mando se altera junto con su personalidad. La derrota de Stalingrado constituye el punto de inflexión en su vida y en la vida del Tercer Reich. Se acrecienta su locura con el paso de la ofensiva a la defensiva y con el inicio de la cuenta atrás. Su egocentrismo transportado a la táctica militar produce una rara combinación entre el ritmo de las hostilidades y el de su vida personal. Después de la campaña de Rusia, Hitler sabe que pierde la guerra. Sin embargo, se empeña en resistir. Su demencial tozudez arrastra a todo el pueblo alemán, a sabiendas de que podía prolongar la guerra pero nunca ganarla. Los resultados de este empeño son nefastos para toda Europa, y particularmente desvastadores para Alemania.

En 1942 comienzan los ataques aéreos a las grandes ciudades alemanas. En mayo de este año, mil bombarderos ingleses y norteamericanos lanzan sus bombas sobre Colonia. Es el inicio de una intensa represalia desde el aire, que no cesará, hasta 1945, cuando se produce el triufo de los aliados sobre Hitler. Con estos bombardeos, que producen desvastación y terror entre la población civil alemana, se intenta socavar la moral en las filas nazis, aun al precio de aniquilar demasiadas vidas civiles. El bombardeo masivo contra las ciudades alemanas es un tema controvertido, que no queda demasiado claro, tanto desde el punto de vista estratégico militar como desde el punto de vista ético. Desde el ángulo operacional, es cuestionable, ya que no debilitaba la capacidad bélica alemana, pues las ciudades eran objetivos básicamente civiles; desde el punto de vista ético, es difícil aceptar que el terror por la muerte y destrucción masiva se justifique por el deseo de acabar la guerra lo más pronto posible.

EL OCASO DE LOS DIOSES

En el año 1943 comienzan los ataques diurnos a todas las grandes ciudades alemanas. Los aliados combinan ataques aéreos a fábricas y centros industriales, zonas petrolíferas, como las existentes en Rumania, y sobre las redes de comunicación de los territorios ocupados por las fuerzas alemanas. En 1944 los aliados consiguen paralizar prácticamente la industria de armamentos del Reich. Los sistemáticos ataques aéreos paralizan también la vida de las ciudades y el tráfico de carreteras. Desde mediados de este año, ingleses y norteamericanos dominan el espacio aéreo de la guerra, que alcanza su máxima violencia con los ataques a Dresde a principios de 1945.

Hitler se ve también desbordado en esta ofensiva. La inferioridad táctica de su aviación se debe a otra de sus equivocaciones estratégicas; esta vez en la planificación del armamento aéreo. Había dado las órdenes, en clara contradicción con sus consejeros técnicos, de concentrar los esfuerzos en la fabricación de caza bombarderos a propulsión, en lugar de aviones de caza a reacción. Aquéllos, más lentos y pesados en el aire frente al enemigo, complementaban su inferioridad con la escasez de carburante y con la falta creciente de pilotos expertos.

LA CAÍDA DEL DUCE

A esta ofensiva que zahiere el corazón mismo de Alemania se le suma el cerco, cada vez más estrecho, sobre Hitler. En 1943 el Führer se reúne con Mussolini pero ya es tarde para encontrar una salida por el lado de Italia. Las tropas británicas y americanas desembarcan en Salerno y

Tarento y conquistan Sicilia. Los alemanes deben replegarse y el régimen de Mussolini cae, destituido por Víctor Manuel III. El Duce es detenido, aunque más tarde recuperará el poder, otra vez apoyado por Hitler.

Los acontecimientos que se desencadenan, uno tras otro, llevan inexorablemente a la derrota alemana. Italia, presionada en el sur por los aliados, declara la guerra a Hitler. A principios de 1944 el Führer se obstina en seguir en Italia, pero las tropas americanas desembarcan en Anzio, detrás de las líneas alemanas. A pesar de la resistencia alemana, caen Roma, Pisa y Florencia, en agosto de 1944, hasta la capitulación definitiva en 1945 y el fusilamiento de Mussolini por los partisanos.

UNA SECUENCIA DE DERROTAS

En 1943 Hitler pierde África. El Ejército alemán capitula, junto al italiano, en mayo de este año, y 250 mil soldados del Eje caen prisioneros, lo que hace que los aliados vuelvan a controlar el Mediterráneo. A este cerco por el flanco sur se le une la ofensiva soviética por el este. Las tropas rusas recuperan Ucrania y llegan hasta la frontera con Checoslovaquia. En la ofensiva de junio de 1944 el Ejército Rojo aniquila 25 divisiones alemanas pertenecientes al ejército del Centro y rompen el frente de los Balcanes. Rumania, Bulgaria, Yugoslavia, Hungría y Grecia declaran, una a una, la guerra a Alemania y se unen al ejército soviético, que, tras cercar a los cuerpos del Ejército del Norte, llega hasta Prusia Oriental.

Hitler se ve igualmente amenazado por el oeste. Con el desembarco aliado en el norte de Francia, el 6 de junio, se abre, en la Europa ocupada, el segundo frente. Einsenhower comanda las fuerzas anglo-americanas, que, después de tomar varias ciudades francesas, logran abrir una brecha en el Ejército alemán. Comienza una guerra sangrienta, en cuyo transcurso son aniquiladas las unidades blindadas alemanas, lo que permite el avance sobre París. Apoyadas por la Resistencia francesa, en el corazón mismo de la ocupación, las tropas aliadas toman la Ciudad Luz el 19 de agosto; los alemanes se rinden y De Gaulle entra en la capital francesa. Una vez liberada Francia y, al poco tiempo, Bélgica, los aliados alcanzan la frontera alemana y la holandesa.

DESPUÉS DE NORMANDÍA

Hitler se halla acorralado por todos los frentes. Pero no piensa rendirse. Su negativa a rectificar decisiones y órdenes operativas equivocadas, que muchas veces lo llevaron a desastres militares, se manifiesta ahora en su negativa a dar marcha atrás. No cree en la victoria desde 1942 y, sin embargo, mantiene la guerra. Su locura le impide aceptar la realidad tal cual es. Desprecia informaciones sustanciales y aunque no puede ya negar con argumentos racionales la inminencia de la derrota, elude cualquier conversación o sugerencia sobre la necesidad de entablar negociaciones de paz.

Con la invasión de Normandía por los aliados y sus ejércitos a las puertas de Alemania, sabe que está todo perdido pero argumenta que aún puede existir un momento político favorable. Quiere convencer a sus colaboradores de que Alemania puede y debe resistir; que en esta capacidad de no resignación está la clave del triunfo y de una probable victoria. Insiste en esperar el momento político favorable que, según él, vendrá cuando comiencen las contradicciones entre los aliados. En esta vana esperanza deberá basarse la nueva estrategia alemana. Para Hitler se trata de un momento duro y extremo, de terribles derrotas militares, pero supone que la resistencia germana terminará por romper la alianza enemiga, circunstancia que permitirá restablecer la hegemonía alemana. En las condiciones en que se desarrollan los acontecimientos, cualquier estratega, general o político, medianamente realista y cuerdo, no hubiera dudado en alcanzar algún acuerdo para llegar a la paz y poner fin a una guerra, que, hasta último momento, se cobraría inútilmente mucha sangre alemana.

ÚLTIMAS MEDIDAS

Hitler no duda en arrastrar al desastre a su pueblo, al que dice servir. En 1944, cuando ya todo está prácticamente perdido, en lugar de buscar razonablemente el camino para salvar la vida de muchos civiles y combatientes, da la orden contraria. Moviliza masivamente a todos los hombres aptos para luchar, entre los 16 y los 60 años. En septiembre de este año, cuando ya había caído París, encuadra a niños y ancianos en las milicias populares. Está dispuesto a todo. Incluso llama al pueblo a realizar un esfuerzo en el plano industrial, aumentando la producción bélica alemana. Aunque se suceden graves derrotas militares y la pérdida de innumerables territorios, el Führer aún sueña con nuevas tecnologías que, aplicadas a la guerra, permitirán sustituir las materias primas escasas y recomponer el ritmo de sus fábricas.

Junto con el reclutamiento masivo de casi niños y ancianos alemanes, más prisioneros o trabajadores de países ocupados eran deportados o movilizados de los campos de concentración para realizar trabajos forzados en la industria bélica alemana. En 1944 Alemania tenía casi 8 millones de trabajadores en estas condiciones. A partir de 1942 el reclutamiento comenzó a ser obligatorio y, a medida que avanzaba la guerra, se recrudecía la crueldad con los prisioneros reclutados para el trabajo. Se les transportaba como ganado, sin darles de comer durante días. Algunos morían de hambre por el camino. Una vez en Alemania, los occidentales eran mejor tratados que los eslavos. Los primeros solían ser cualificados y, por ello, tenían un trato más humano. Además, Hitler y los suyos respetaban a holandeses, belgas y franceses. En el caso de los rusos, checos, rumanos o búlgaros, el grado de explotación y las penurias eran extremas.

HASTA EL ÚLTIMO SUSPIRO

En los últimos meses del año 1944, Hitler aprovecha estos recursos humanos para reincentivar su industria de la guerra. Eso le permite movilizar, con el argumento de la salvación del Tercer Reich, a todos los alemanes posibles. Alista a las mujeres en servicios especiales y llama a todo el mundo a filas. Otra vez desafía el riesgo y parece no darse por vencido. En diciembre de ese año aparenta recuperar las fuerzas que había perdido los meses anteriores. Las enfermedades remiten, en un intento desesperado de recomponer sus fuerzas personales y políticas. En esta época, parece superar las desavenencias con los mariscales de campo y los demás jefes militares y se repone parcialmente del atentado que casi le había costado la vida. Vence los achaques de salud y quiere volver a ser el estratega, el Führer de siempre, el que decide el destino de la humanidad y emprende las acciones necesarias para conseguirlo.

Ordena la ofensiva alemana en las Ardenas, con el objetivo de ocupar Amberes y romper las líneas enemigas en el frente occidental. Los aliados contraatacan y obligan a las fuerzas alemanas a retirarse. Éstas pierden, entre enero y febrero de 1945, toda la orilla izquierda del Rhin. Ardenas significa un nuevo fracaso que anuncia una vez más la caída de Hitler y el Tercer Reich.

LA INMINENCIA DEL FIN

Todos los biógrafos e historiadores no llegan a explicarse del todo por qué la guerra se prolonga tanto tiempo, aún a la vista de que la derrota del Tercer Reich ya era inevitable. Entre 1942 y 1943, cuando la Alemania nazi pierde definitivamente la guerra en Rusia, se descomponen los frentes por todas partes. Se tambalea tanto en su poder interno como externo y, sin embargo, logra aguantar dos largos años, hasta la derrota definitiva. Consigue unir, también en la derrota, su destino al del Tercer Reich. Si bien no los convence, Hitler logra neutralizar a los mandos que les son hostiles en el ejército. Hace que vuelquen en la defensa de Alemania la misma capacidad y el mismo espíritu de lucha que volcaron en sus conquistas.

Convence al pueblo alemán de una inmolación colectiva, propia de un espíritu sectario y totalitario, y hay quienes lo siguen y están dispuestos a todo por su Führer. El fin de su vida está tan ligado a su régimen, que en su descabellada obstinación no duda en arrastrar al pueblo hacia un callejón sin salida. Cree estar al servicio de su raza y de su estirpe, como un ser mesiánico en el que hay que confiar hasta el final, aunque ello implique la autodestrucción. Pero en el seno de las masas hay sectores que lo siguen, porque prefieren la derrota total a una humillación vergonzante como fue el tratado de Versalles. Ese espíritu, en el que se basó entonces Hitler para hacer penetrar su ideología, es ahora un instrumento propagandístico para resistir hasta la muerte. El argumento se basa en lo mismo: el honor y la salvación de la patria están por encima de los individuos.

Pero no todos los alemanes creen esto. Desde 1944 aumenta el desencanto, la resistencia interna, el malestar en la oficialidad y en la tropa y la desmoralización generalizada entre los soldados en el frente. Incluso sus más allegados colaboradores, como Himmler, intentan en secreto hacer llegar a los aliados fórmulas de paz y sacar de escena a Hitler. Esto hace suponer que muchos de sus jefes creían, en ese año, que el Führer ya no daba más de sí y que su personalidad estaba gravemente alterada. En realidad, Himmler sabía que estaba acabado desde 1942 y ya, a partir de esa fecha, veía claramente la derrota, como muchos de los altos mandos militares. Pero nadie podía con el Führer. Su fuerza, aunque estuviera acabado, era de tal magnitud, que inmovilizaba cualquier intento de plantear una alternativa a su mando. Esta situación se agrava con las derrotas sufridas en cadena a partir de 1943. Hitler enferma y ya no es el estratega militar que había sido. Pero todos fracasan en el intento de deponerlo.

MORIR CON LAS BOTAS PUESTAS

Desde 1943 Himmler tiene intenciones de quitarle el mando del ejército a Hitler y firmar la paz, pero a pesar de tener bajo sus órdenes a toda la policía política, nada menos que a la Gestapo, no puede hacer nada Incluso realiza una investigación secreta sobre Hitler y sus enfermedades, una especie de espionaje, para poder tener material suficiente que en un momento político favorable pueda avalar su destitución. Este panorama se descompone totalmente en 1945. Las enfermedades, los delirios y las iras del Führer se suceden al mismo ritmo que el cerco sobre la Alemania nazi se cierra. En enero de ese año comienza la gran ofensiva soviética. Hitler tiene que ordenar el abandono de los territorios polacos ocupados por las fuerzas alemanas. Las tropas de Stalin sitian Prusia Oriental, aislando completamente a las fuerzas allí acantonadas del resto de Alemania.

Entre febrero y marzo la población de Alemania oriental se dispersa hacia el oeste, en grandes columnas de desplazados que tienen que hacer frente al hambre y al frío. Por el oeste, el avance aliado produce el mismo tipo de consecuencias. Después de perder el Rhin, tras la contraofensiva de las Ardenas, el Ejército alemán queda sitiado en la zona de Remagen por las tropas americanas. Los ingleses avanzan desde el norte y las tropas alemanas quedan aisladas en Holanda. Por el centro las fuerzas aliadas combinadas dividen en dos la región del Rhur, sitian a los alemanes y se unen a los ingleses en el Elba, después de que aquellos atravesaran toda Westfalia. Salzburgo cae en manos de los norteamericanos que atraviesan el Rhin y llegan a las puertas de Estrasburgo, mientras los franceses avanzan por la Selva Negra.

POLÍTICA DE TIERRA ARRASADA

En marzo, ante este panorama, el Führer ordena la destrucción de todas las instalaciones militares, de los transportes, de los medios de comunicación, de las instalaciones industriales y de todos los posibles aprovisionamientos. Ya en el mes de febrero había instituido tribunales militares para obligar a los soldados y combatientes a luchar hasta la muerte. Estos tribunales podían decretar la pena de muerte contra quienes no cumplieran con el «mandato» de luchar por la patria. Pero, en abril, y a pesar de las medidas extremas que toma para no perder toda Alemania, sobreviene la ofensiva definitiva de los aliados. Las líneas rusas atacan desde el Oder y, más allá de las órdenes de Hitler de resistir hasta la muerte, las tropas que aún quedan supervivientes no pueden evitar el cerco soviético sobre Berlín, que se cierra el 24 de abril. Viena ya había sido ocupada el 13 de abril, después de la conquista de Budapest. En sus calles, los combates fueron encarnizados, hasta que los soviéticos acabaron con los últimos focos de resistencia nazi. Después de ocupar esta ciudad, marchan también hacia Praga.

El ejército francés ya está en la frontera suiza y los norteamericanos, casi en las puertas de Berlín. El 12 de abril Hitler da la orden de defender las ciudades alemanas a ultranza destruyendo todo lo que hay en ellas antes de que las conquiste el enemigo. Sabe que todo está perdido y, como no puede consentirlo, quiere que sus enemigos, que se han atrevido a desafiarlo en la historia, encuentren sólo la huella de la destrucción. Desde abril Hitler permanece encerrado en el bunker de la Cancillería de Berlín. El sitio a la capital del Reich es el cerco que se cierne sobre él y su obra. Decide permanecer en Berlín hasta el último momento. No está dispuesto a rendir cuentas a nadie. Sigue siendo el Führer del Tercer Reich y nadie en la tierra le quitará ese cargo que ostentará hasta la muerte. Ahora se hace dueño definitivo de su destino que está dispuesto sacrificar en nombre de Alemania y de su pueblo pero, por encima de todas las cosas, en aras de su propia locura.

LOS ÚLTIMOS MOMENTOS DEL FÜHRER

Himmler intenta otra vez conectar con los aliados a fin de conseguir un acuerdo de rendición parcial. Quiere llegar rápidamente a la paz sin que el Führer lo sepa. Pero los aliados ahora quieren la capitulación total. Hitler escucha por la radio la noticia y no puede dar crédito. También Göering lo presiona para que le autorice a hacerse cargo de la jefatura del Reich porque ve la imposibilidad de llegar a cualquier tipo de salida con el Führer como jefe. Ya todos desconfían del él y de su capacidad psíquica y física. La vanguardia del ejército soviético y americano ya convergen sobre Berlín. A 100 kilómetros al sur, esta ciudad está custodiada por los ejércitos aliados. Pero Hitler permanece en su búnker de la Cancillería. El 29 de abril redacta su testamento político. Expulsa del partido y del ejército a Göering y a Himmler, los destituye de todos sus cargos haciendo todavía gala de su poder. Nombra a su fiel Goebbels canciller del Tercer Reich y, por último, nombra también presidente y jefe supremo de las fuerzas armadas al almirante Doenitz.

Hitler tenía la decisión tomada de poner fin a su vida desde el momento mismo en que se traslada al búnker. Probablemente, desde mucho antes. Lo que hizo fue demorar esta decisión, al igual que demoró el fin de la guerra. Implicó en ello a todo el pueblo alemán, como si se tratara de él mismo. Magnificó su final como hacía con sus actos espectaculares y con sus discursos. Muchos de sus allegados le insistieron en la posibilidad de huir. A principios de abril todavía estaba a tiempo. Pero en su mente no cabía tal posibilidad. Creía que debía hundirse con su régimen y no estaba dispuesto a poner ningún tipo de empeño en salvar su vida.

Está físicamente acabado y, según testimonios de su médico de cabecera, se mantiene en pie gracias a la batería de medicamentos que toma. Agotamiento y euforia se mezclan como consecuencia de los estimulantes que ingiere. El mismo día que redacta su testamento político se casa con Eva Braun. El final apoteósico era así confirmado con su matrimonio. Un día más tarde, el 30 de abril de 1945, ambos se suicidan. Junto a ellos lo hace también Goebels.

EL SUICIDIO

Algunos dicen que se envenenó. Otros que se pegó un tiro o que ordenó a algún subordinado que lo hiciese por él, dado su deficiente estado de salud. Dónde se encuentra el cadáver de Hitler es otro de los misterios que quedan por desvelar. Según algunas versiones fue encontrado por las tropas soviéticas e incinerado a principios de mayo de 1945, cuando los rusos arrasan la Cancillería y entran en el búnker. Pero esta hipótesis es poco creíble, ya que después del intenso bombardeo sufrido por el lugar, no era fácil identificar los cadáveres que habían quedado atrapados en el fuego, entre las ruinas. Según declaraciones de quienes lo rodearon en sus últimas horas, Hitler fue incinerado por sus ayudantes y criados y enterrado el 30 de abril, el mismo día en que se había suicidado. Según esta version el cadáver fue sepultado, totalmente calcinado, en un cráter abierto por una granada soviética, mientras arreciaba el fuego de la artillería. Parece ser que el propio Hitler había dado instrucciones precisas a sus colaboradores sobre la destrucción de su cadáver.

De cualquier forma, todas las hipótesis siguen envueltas en una nebulosa. Los soviéticos afirmaron siempre haber encontrado el cadáver, mientras que los americanos lo desmentían, con pruebas de médicos y testimonios de los supervivientes del búnker. El capital político por poseer tales despojos rodeó de morbo y de expectación al asunto. Lo que está claro es que Hitler no quiso dejar huellas. Por supuesto, excepto la intensa estela de horror que dejó a su paso por la historia,

SÓLO DESTRUCCIÓN Y MUERTE

Los días siguientes al suicidio del Führer seguirán siendo momentos traumáticos para los alemanes. El dos de mayo, Doenitz encarga a von Krosigk la formación de un gobierno de transición. Ya no está Hitler para dar órdenes. Se disuelve el partido nazi y se destituye a Himmler, doblemente destituido, pues fue la última decisión de carácter político que Hitler tomó antes de contraer matrimonio con Eva Braun y de quitarse la vida. Himmler también se suicida. El mismo día el ejército alemán capitula en Berlín y firma también la capitulación en Holanda, Dinamarca y Noruega. El 7 de mayo los nazis firman la capitulación incondicional con los americanos e ingleses y dos días más tarde, con los soviéticos. El día 23 es destituido y arrestado Doenitz y la plana mayor de su gobierno.

Se calcula que murieron más de 55 millones de personas en esta guerra. Nunca se había producido una cantidad tan grande de víctimas civiles. Más de 1 millón y medio de personas murieron por causa de los ataques aéreos. Pero nunca se había producido antes un exterminio en masa como el que provocó Hitler durante la guerra. A los seis millones de judíos que mueren en los campos de exterminio, hay que agregar los 30 millones de personas que desaparecen tras las deportaciones en masa a los campos de concentración y de trabajos forzados, en las represalias dirigidas contra los opositores y las poblaciones ocupadas, y en la emigración de poblaciones enteras que deben abandonar sus lugares para defenderse de la violencia de la guerra y del hambre. El sueño de dominio universal se había convertido, en todos estos años y no sólo para Europa, en la alucinación del infierno. Hitler fue su impulsor, pero no estaba solo, ni era únicamente el producto de sus complejas fantasías de poder infinito. Con él comulgaron muchos y también fue el emergente de una época en la que las potencias necesitaban consolidar sus dominios territoriales. Los acontecimientos se desataron con una velocidad y un poder de destrucción que nadie había previsto. La herida que quedaba era difícil de reparar y tendría un alto costo para toda la humanidad. Aún sigue abierta.

EPÍLOGO

De Hitler se puede decir mucho, muchísmo más. Acaso los verdaderos significados de su presencia en la historia afloran cuando el analista enmudece ante el horror que sus ideas y su accionar han causado. Por eso mismo, se puede afirmar que hubo un antes y un después del paso del Führer por la historia. Y en este paso, es difícil no estremecerse ante tanta destrucción y tanto despliegue de violencia y crueldad. Pero es importante saber que el nazismo no es la obra de un dictador que está solo y manipula la voluntad de su pueblo y talla el perfil de su época a partir de sus designios y caprichos personales. La ejecución y el exterminio masivo llevados adelante sistemáticamente, aun por elementales razones técnicas, no pudieron dejar de ser fruto de la colaboración entusiasta de muchos. Los nazis y sus colaboradores más o menos inmediatos participaron activamente. Otros, simpatizantes o indiferentes, lo hicieron de forma pasiva. Hubo de todo, pero el resultado fue el mismo. Hubo también quienes se enfrentaron al nazismo desde un primer momento. Otros dejaron hacer, aunque íntimamente lo desaprobaban, porque entretanto les venía bien a sus intereses y porque creían que jugar con fuego no necesariamente termina en la hoguera. Sin embargo, a partir del ascenso de Hitler al poder, todo el mundo comenzó a arder y el fuego se extendió de manera imparable.

El afán de dominio por medio de la violencia fue un rasgo decisivo, desde el inicio de sus actividades, en la forma de actuar de Hitler y de su partido. El antisemitismo llevado a un paroxismo inigualable también. Y sin embargo, un amplísimo sector del pueblo alemán participó de todo ello, así como muchos intereses que estaban en juego dejaron hacer a los nazis y hasta propiciaron sus desmanes. Pero también a Hitler le dieron alas las potencias occidentales que no reaccionaron a tiempo por razones de Estado, o lo que viene a ser lo mismo, por la defensa de intereses parciales y por lo tanto mezquinos. También los pactos con la URSS dan prueba del mismo cinismo. Cada parte facilitó que un fanático, con una versión demencial y totalitaria de la historia, de la vida, de la política y del orden social, triunfara y se hiciera con el poder.

La soberbia de Hitler y sus delirios de grandeza pueden tener comparación con otros personajes del pasado de la humanidad. Pero su grado de fanatismo y su visión apocalíptica de la historia, haciendo de ella una argumentación técnico-científica, es poco comparable con cualquier otro protagonista. Y aunque para muchos se trataba de un genio de la guerra y de la política, Hitler no era ni lo uno ni lo otro. Aunque conociera mejor que nadie los detalles militares no era ni estratega ni jefe operativo eficaz. Era más bien un estratega propagandístico con una visión de dominación infinita. Era un hábil orador, que se valió para sus conquistas políticas y militares de técnicas de comunicación avanzadas para su época y del conocimiento de los sentimientos más íntimos de las masas y, por lo tanto, de su manipulación. Fue, en definitiva, el taumaturgo de una hipnosis colectiva que produjo una situación traumática para todo el pueblo alemán y para el conjunto de la humanidad

Los horrores de los que fue artífice no estuvieron circunscritos al resultado de las batallas y luchas por lograr objetivos militares. Aunque podemos cuestionar los bombardeos y los muertos que se produjeron por ellos en las ciudades alemanas, nada, por ejemplo, es comparable al Holocausto. Estos asesinatos a gran escala, incluso con medios científicos para abaratar costos y tiempo, se convirtieron en la razón de ser de la guerra desatada por el nazismo, incluso en la última etapa, cuando Hitler y los suyos ya sabían que avanzaban hacia una derrota inevitable. Sin embargo, aunque todo esto se ha dicho una y mil veces, vuelve a surgir del estupor la misma pregunta: ¿Cómo fue posible? ¿Qué sucedió en el mundo para que un régimen de esta naturaleza perpetrase durante tantos años tamañas matanzas indiscriminadas sin que nadie lo impidiera?

Estos interrogantes siguen abiertos sin una respuesta global y definitiva. Los argumentos son muchos, pero ninguno es plenamente satisfactorio. Todo empezó con el fanatismo, que es ceguera, y la estrategia del miedo, que terminó por paralizar a los pocos que sabían lo que el futuro depararía a Alemania y a la humanidad entera. Sólo cabe seguir pensando sobre unas bases éticas tan sólidas como elementales: ningún pueblo, ninguna nación, ninguna persona, nada positivo se puede construir a costa de los demás. Está visto que el ocaso de los dioses es demasiado sangriento, y tiñe más de rojo la tierra donde ahora vivimos que el cielo al que aspiramos.

CRONOLOGÍA

		Historia y política
1889	Nace en Braunau, Austria, el 20 de abril.	Fundación del partido socialdemócrata de Austria. Emperador Guillermo II. Fundación de la II internacional.
1895	Ingresa en la escuela de Lambach.	Política alemana del bloque continental. Crisis de las relaciones germano-británicas. España en conflicto con sus colonias: Cuba y Filipinas.
1900	Ingresa en la Escuela Real de Linz.	Guerra anglo-bóer. Se funda el partido laborista británico. Proclamación de la Commonwealth en Australia.
1903	Muere su padre, Alois Hitler.	Política imperialista de EEUU en América Central. Represión en el Imperio Austro-Húngaro. Primera crisis de Marruecos.
1907	Participa sin éxito en las pruebas de ingreso de pintura en la Academia de Bellas Artes de Viena. Muere su madre, Klara Pölzl.	Segunda Conferencia de La Haya. Alemania rechaza el desarme.
1908	Vuelve a Viena. Nuevo fracaso en las pruebas de ingreso de la Academia de Bellas Artes.	Crisis de Bosnia. Rearme naval alemán. Triple Alianza de Inglaterra, Francia y Rusia.
1909	Pintor profesional.	Pacto secreto ítalo-ruso por la cuestión de los Balcanes. Inglaterra y Rusia ocupan Persia.
1913	Se traslada a Munich.	Crisis balcánica. Fortalecimiento de los ejércitos alemán y ruso.
1914	Declarado inútil en el Ejército de Austria. Se alista como voluntario en el ejército alemán. Se traslada al Frente. Condecorado con la Cruz de Hierro de 2ª clase.	El asesinato en Sarajevo del archiduque Francisco Fernando desencadena la Primera Guerra Mundial.
1918	Distinguido con la Cruz de Hierro de 1era. Clase. Ha sido herido varias veces en combate. Terminada la guerra vuelve a Munich y trabaja en la sección de prensa y propaganda de la Reichswehr.	Política pacifista de Wilson: los 14 puntos para la paz. Proclamación de la República alemana. Fin de las hostilidades. Alemania firma el armisticio.
1919	Ingresa en el DAP (Partido Obrero Alemán). Luego será el NSDAP (Partido Nacional Socialista alemán del Trabajo). Orador y jefe de propaganda.	Tratado de Versalles.
1921	Primer presidente del NSDAP.	Reparaciones de guerra. Conferencia de Washington.

Cultura	**Ciencia y Técnica**
Desarrollo de la teoría de la lucha de razas por Chamberlain.	Ondas electromagnéticas de Nertz.
Huxley publica *Agnoticismo*. Nace Arnold Toynbee.	
Nace Ernst Jünger. Muere Federico Engels. Se estrena *La importancia de llamarse Ernesto*, de Oscar Wilde. Picasso se traslada a Barcelona. Yeats publica sus Poemas. Muere T. Huxley.	Rayos X de Röntgen. Cinematógrafo de Lumiére.
Muere Federico Nietzsche. Muere Von Stein, uno de los pioneros de la sociología científica. Muere Oscar Wilde. Joseph Conrad publica *Lord Jim*. Nace Luis Buñuel. *Rusalka*, de Antonín Dvorak.	Teoría cuántica de Planck. Dirigible de Zepelin.
Época azul de Picasso. Cézanne se convierte en precursor del cubismo. Klee ejecuta sus primeros grabados.	Aeromóvil de los hermanos Wright. Fototelegrafía de Korn. Descubrimiento del radio por Curie.
Época Rosa de Picasso. Auge de la música española con Albéniz, Granados y Falla.	Hormigón colado de Edison.
Fundación de la Nueva Asociación de Artistas de Munich, por pintores vanguardistas.	Teoría cuatridimensional de Minkovski.
Paul Klee expone por primera vez en Berlín. *El caballero de la rosa*, de Richard Strauss. Muerte de Isaac Albéniz.	Aplicaciones del caucho sintético. Grupos sanguíneos.
La consagración de la primavera, de Igor Stravinski. *Muerte en Venecia*, de Thomas Mann.	Teoría general de la relatividad de Einstein. Estudio de la genética humana de Lenz. Desarrollo del estudio de la genética humana por Morgan. Aplicaciones del Tubo termoeléctrico por Meissner.
Economía y Sociedad, de Max Weber.	Watson estudia el comportamiento humano. Síntesis de amoníaco. Modelo del átomo.
Auge en Rusia de las vanguardias artísticas más activas el siglo XX. Constructivismo y suprematismo. Oratorio *Sócrates*, de Erik Satie. Muere Claude Debussy.	Aeroplano ligero de Klemen. Marconi desarrolla y aplica la onda corta dirigida.
La sinfonía pastoral, de André Gide.	Cine sonoro.
De la decadencia de Occidente, de Oswald Spengler. *Tractatus lógico-filosófico*, de Ludwig Wittgenstein.	Teoría de la herencia de Fischer y Lenz. Asimilación del ácido carbónico por Warburg.

CRONOLOGÍA

		Historia y Política
1923	Participa en el golpe de Estado en Munich. Condenado a 5 años de reclusión por alta traición.	Comienzan las actividades armadas de las SA. Ocupación francesa de la cuenca del Ruhr. Golpe de Estado.
1924	En la prisión de Landsberg comienza a escribir *Mein Kampf*. Es liberado antes de cumplir la totalidad de la condena.	Plan Dawes. Disolución del Reichstag.
1925	Aparece el primer tomo de *Mein Kampf*	Destitución de Troski en la URSS. Con el asesinato de Matteoti, comienza la dictadura de Mussolini en Italia.
1926	En esta fecha ya ha fundado las SS, SA y las Juventudes Hitlerianas.	Tras la Conferencia de Locarno, admisión de Alemania en la Sociedad de las Naciones. Tratado de Berlín.
1928	Orador en el Palacio de Deportes de Berlín.	El partido nazi participa en las elecciones al Reichstag. Fin de la República de Weimar con la caída del gobierno Müller.
1930	Ante el Tribunal Supremo de Leipzig jura que su partido se mantendrá en la legalidad.	
1931	Es recibido por von Hindenburg, el Presidente del Reich.	Proclamación de la II República en España. Ernest Röhm es nombrado jefe de las SA.
1932	Candidato a presidente del Reich. Logra 13 millones de votos. Pronuncia discursos en 50 ciudades.	Pacto de no agresión franco-soviético. Gobierno de «Concentración nacional». Legalización de las SS. Programa de Salvación Nacional.
1933	Es nombrado Canciller por Hindenburg. Plenos poderes. Forma gobierno con von Papen como vicecanciller.	Elecciones Generales en España: triunfo de la coalición de derechas. Concordato de Alemania con la Santa Sede.
1934	Entrevista con Mussolini. Eliminación de adversarios. Título de Führer y Canciller del Reich.	Sofocación de la insurrección de Röhm. Muerte de von Hindeburg. Pacto de no agresión con Polonia. Estalla en España la «revolución de octubre».
1936	Pacto con Italia y Japón. Prolongación de los plenos poderes.	Comienza la Guerra Civil Española. Juegos Olímpicos de Berlín.
1937	Redacción del testamento político. Exposición del *Protocolo de Hossbach*.	Gabinete Chamberlain en Inglaterra. Gobierno del Frente Popular en Francia presidido por León Blum.
1938	Testamento particular. Anexión de Austria. Entrevistas con Mussolini y Chamberlain. Se autonombra Ministro de Guerra.	Acuerdo entre Italia y Gran Bretaña. Gobierno Daladier en Francia. Amistad franco-británica.

Cultura	**Ciencia y Técnica**
Primera versión de *Los diez mandamientos*, película de Cecil B. de Mille.	Descubrimiento de la insulina. Expedición desde Groelandia hacia el estrecho de Bering.
Manifiesto del Surrealismo de André Breton. *Hotel Savoy*, de Joseph Roth. *La montaña mágica*, de T. Mann.	Mecánica cuántica.
Nace el director teatral Peter Brook. *El acorazado Potemkin*, de Sergei Einsenstein. Muere Erik Satie. *La viuda alegre*, de Erich von Stroheim. Se publica *El Proceso*, de Kafka. *El Gran Gatsby*, de F.S. Fitzgerald. *La quimera de oro*, de Charles Chaplin.	Química macromolecular de Staudinger.
Si le grain ne meurt, de André Gide. *La formación del actor*, de Konstantin Stanislavskij.	Vuelo al Polo y Alaska por Svaalbard.
Primera película surrealista: *Un perro andaluz*, de Luis Buñuel. *Najda*, de André Breton. *Orlando*, de Virginia Woolf.	Teoría genética de Morgan. Descubrimiento de la penicilina de Fleming.
La edad de oro, filme surrealista de Luis Buñuel. *La marcha de Radetzky*, de J. Roth. La sinfonía de los salmos de I. Stravinski.	Teoría de la evolución de Fischer. Motor de propulsión a chorro.
Nace Thomas Bernhard. *Mi vida en el arte*, de K. Stanislavski. *El vampiro de Düsseldorf*, de F. Lang.	Hidrógeno pesado. Descubrimiento de las sulfamidas.
Bertolt Brech estrena *La madre*, inspirada en la obra homónima de Gorki. *El Trabajador* de E. Jünger.	Descubrimientos de positrones, neutrones y ciclotrones.
Kandinsky se ve obligado a abandonar Munich por el nazismo. Expone en París.	Intento de atravesar la Antártida. Síntesis de la vitamina C.
Tarabás, Un huésped de esta tierra, de Joseph Roth. Muere M. Gorki	Radioactividad artificial de Curie.
Tiempos modernos de Ch. Chaplin. Alejandro Nevskij de Sergej Einsenstein. Muere Alfonsina Storni. *La guerra de los mundos* de Orson Welles.	Emisora de ondas ultracortas.
Picasso pinta el *Guernica*. *La gran ilusión*, película de Jean Renoir. *Panambí*, de Alberto Ginastera.	
	Expedición del rompehielos Sedov al Ártico.
Es fusilado Federico García Lorca en España durante la Guerra Civil. *En los Acantilados de mármol*, de E. Jünger.	Fisión nuclear artificial. Invento del nylon.

CRONOLOGÍA

		Historia y Política
	Desencadena la «Noche de los cristales»	
1939	Ordena el ataque contra Polonia. Pacta con Stalin.	Comienzo de la II Guerra Mundial. Final de la Guerra Civil española.
1940	Ordena la invasión de Dinamarca, Noruega, Holanda, Luxemburgo, Bélgica y Francia.	Armisticio franco-alemán con la entrada de tropas en París. Gobierno de Churchill en Gran Bretaña. Pacto de Alemania, Italia y Japón.
1941	Ordena el ataque y la ocupación de Yugoslavia, Grecia y la Unión Soviética. Declaración de guerra a los EEUU. Asume el mando supremo del ejército.	Japón ataca por sorpresa en Pearl Harbour. Expansión japonesa en oriente. Inicio de la guerra en África del Norte. Batalla de Inglaterra.
1942	Ordena una nueva ofensiva sobre Rusia. Convoca la Conferencia de Wannsee para la «solución final» al problema judío. Comienzan sus múltiples enfermedades.	Incursiones de submarinos alemanes en las costas americanas. Desembarco de las fuerzas aliadas en el Norte de África. Ataques aéreos aliados a las ciudades alemanas.
1943	Pierde la batalla de Stalingrado y debe capitular en el norte de África.	Triunfo aliado en la guerra naval en el Atlántico Norte. Estado de guerra de Alemania con Irak, Bolivia, Irán, Italia y Colombia. Conferencia de Teherán entre Roosevelt, Churchill y Stalin.
1944	Pierde Francia. Sale ileso del atentado de Stauffenberg. Organiza la milicia popular para la defensa de Alemania. Comienza su ofensiva en las Ardenas.	Desembarco aliado en Anzio y en Normandía y en el sur de Francia. Levantamiento del gueto judío de Varsovia.
1945	Último discurso radiofónico. Se traslada al búnker de la Cancillería en Berlín. Matrimonio con Eva Braun. Redacta su testamento político. Se suicida en su búnker.	Conferencia de Yalta. Caída del Tercer Reich.

Cultura	Ciencia y Técnica
Muere Joseph Roth. *Concierto de Aranjuez*, de J. Rodrigo. *Lo que el viento se llevó.* Nace Iosif Brodsky, poeta ruso de origen judío. Muere el pintor Paul Klee. Muere F.S.Fitzgerald. *El dictador*, de Ch. Chaplin. Se suicida Walter Benjamin.	Partenogénesis artifical de Pingus. Experimentos en corazón artificial por Gibbons. Creación del Jeep.
Estancia, de Alberto Ginastera. *El ciudadano Kane*, de Orson Welles. Muere Virginia Woolf.	Descubrimiento del plutonio.
Capriccio, de Richard Strauss. Nace Barbra Streisand. *Godown, Moses*, de W. Faulkner.	Primer reactor nuclear.
Bertol Brecht estrena *Galileo Galilei*. *El ser y la nada* y *Las moscas*, de J. P. Sartre.	Programa atómico americano. Fisión nuclear controlada.
Mueren Kandinsky, Munch y Mondrian. *La mujer del cuadro*, de Fritz Lang.	Cohetes de largo alcance VI y V2 construidos por los alemanes son lanzados sobre Inglaterra.
Muere José Gutiérrez Solana. *El bandido adolescente*, de Ramón Sender. J.P. Sartre funda la revista *Les Temps Modernes*.	Explosión de la primera bomba atómica y lanzamientos en Hiroshima y Nagasaki.

BIBLIOGRAFIA

Heiker, Helmut. *Hitler.*
Biblioteca Salvat de Grandes biografías. Editorial Salvat. Barcelona, 1986.

Maser, Werner. *Hitler.*
Editorial ACERVO. Barcelona, 1974.

Mayda, Giuseppe. *Hitler. Grandes protagonistas de la II Guerra.*
Editorial Orbis. Barcelona, 1985.

Bullock, Alan. *Hitler.*
Editorial Grijalbo. Tomos I y II. Barcelona, 1984.

Vignati, Alejandro. *Hitler: el ocultismo en el III Reich.*
Editorial ATE. Barcelona, 1979.

Ranschning, Hermann. *Hitler me dijo.*
Atlas. Madrid. 1946.

Fest, Joachim. *Hitler, un estudio sobre el miedo.* Tomos I y II.
Editorial Noguer. Barcelona,1974.

Rjndt, Philippe van. *Hitler vuelve.*
Editorial Martínez Roca. Barcelona, 1979.

David, Claude. *Hitler y el nazismo.*
Editorial Oikos-Taurus. Barcelona, 1987.

Charlier, Jean-Michel y otros. *Hitler y las mujeres.*
Editorial Planeta. Barcelona, 1981.

Bau Fradera, Ramón. *Hitler y sus filósofos.*
Editorial Wotan. Barcelona, 1976.

Hitler, Adolf. *Mi lucha.*
Editors. Barcelona,1993.